ISBN-13: 978-1532844645
ISBN-10: 1532844646

Cet ouvrage est dédié aux utilisateurs du logiciel Excel qui ont appris le logiciel « sur le terrain » ou en ayant suivi 2 ou 3 jours de formation, depuis le début de son utilisation, parfois 10 ans ou plus.

Ce manuel n'est pas un support de plus, utilisant un langage technique pour lister des fonctionnalités abstraites.

Il répond au contraire à des besoins très concrets, recueillis auprès de centaines d'utilisateurs, par de très nombreux formateurs.

Il apporte à leurs questions des réponses exprimées en langage simple et « humain »

Ce manuel regorge de trucs et astuces qui vous feront gagner du temps, vous rendront plus performant et vous permettront d'éviter les « bidouillages », sources d'innombrables erreurs.

TABLE DES MATIERES

Les questions auxquelles répond ce manuel ont toutes été posées, maintes fois, aux formateurs. Elles sont de deux types :

1. **Des questions portant sur des fondamentaux d'Excel.** Les réponses seront utiles à tous les débutants ou aux personnes qui n'ont jamais suivi de formation, même si elles utilisent Excel au quotidien. Ces éléments sont à connaître absolument lorsqu'on utilise Excel très fréquemment. Il s'agit au fond des « premiers secours ».

2. **Des questions plus « pointues » qui sous-entendent une bonne connaissance de base d'Excel** et une utilisation plutôt fréquente de tableaux complexes souvent faits par d'autres.

Certaines questions peuvent apparaître dans plusieurs catégories. Elles seront évidemment traitées dans une seule page de l'ouvrage.

Saisie et formatage des données.................................9

1. Lorsque je saisis une valeur dans une cellule, il arrive, qu'après validation, elle apparaisse différemment. Peut-on une fois pour toute m'expliquer le principe ? 9

2. Pourquoi, lorsque je supprime le contenu d'une cellule en appuyant sur la touche Suppr, le texte que je retape apparaît en gras et en rouge ? Existe-t-il un moyen de « vider » complètement une cellule ? 10

3. Après avoir saisi dans une cellule la date : lundi 15 février 2017, j'ai vu apparaître le nombre 42781 ! Comment cela se fait-il et à quoi correspond ce nombre ? 10

4. J'ai besoin de saisir dans une cellule le code produit : 0123456. Lorsque je valide ma saisie, le code se met à droite de la cellule et le zéro initial n'apparaît pas. Comment éviter cela ?.10

5. J'ai constaté que lorsque j'importe dans Excel des données venues d'un autre système elles n'arrivent pas avec le même format que celui d'origine. Est-il possible de connaître rapidement le format réel d'une cellule (numérique, chaîne de caractères, date) ? 11

6. J'importe souvent dans Excel des données venues d'un autre système et il arrive que des valeurs numériques soient considérées par Excel comme des textes et inversement. Est-il possible de transformer ces données ?...12

7. Pour sécuriser la saisie dans mon tableau, je voudrais imposer dans une colonne la saisie d'une date ou d'un nombre entier inférieur à 1000. Est-ce possible ? 12

8. Pour sécuriser la saisie dans mon tableau, je voudrais choisir mes données grâce à une petite liste déroulante qui apparaîtrait en cliquant dans chaque cellule. Est-ce possible et comment faire ? 15

9. Est-il possible, à partir d'une date saisie sous la forme : 01/04/2016, d'obtenir automatiquement dans la cellule : « Vendredi 1 Avril » ? 17

10. J'ai passé un temps fou à mettre en forme très joliment des cellules. Puis-je recopier uniquement le « look » mais pas le texte contenu dans les cellules pour l'appliquer à d'autres ? 18

11. Puis-je ajouter l'expression « par m² » derrière tous les nombres d'une colonne en continuant à les additionner automatiquement ? 19

12. Comment pourrais-je colorer automatiquement les cellules d'une plage dont le montant est inférieur à 500 et donner une autre couleur aux cellules dont le contenu est supérieur à 500 ? 20

Raccourci 22

13. Je sais qu'il existe un certain nombre d'actions que je pourrais faire à l'aide du clavier. Mes collègues me disent souvent : « c'est Ctrl quelque chose ! ». Le problème est justement de se rappeler ce « quelque chose » ! Existe-t-il dans ce manuel un petit tableau récapitulatif ? 22

14. J'ai vu une collègue appuyer très régulièrement sur la touche F4 du clavier. A quoi cela sert-il ? 23

Déplacement 25

15. Existe-t-il un moyen de se positionner rapidement tout en haut de la feuille Excel ? 25

16. Existe-t-il un moyen de se positionner automatiquement dans la dernière colonne ou la dernière ligne remplie d'un tableau ? 25

17. Existe-t-il un moyen de se rendre très rapidement et sans utiliser la « molette » de la souris, sur la cellule de son choix. Par exemple les cellules M1515 ou N1804 ? 26

18. Comment pourrais-je faire pour dire à Excel : « rends-toi directement sur la cellule qui contient le Grand Total de tout mon tableau ? » 26

Sélection des données 27

19. Puis-je rectifier une sélection lorsqu'elle est ratée ; par exemple ma souris s'est emballée et je me suis retrouvé dans la cellule M1200 au lieu de la cellule L150 ? 27

20. Puis-je sélectionner très rapidement toutes les cellules remplies, d'une colonne ou d'une ligne ? 28

21. Puis-je sélectionner des éléments, cellules, lignes ou colonnes, qui ne se suivent pas ? 28

22. Puis-je sélectionner dans toute ma feuille des cellules selon un critère ? Par exemple : toutes les cellules qui contiennent un calcul ou toutes les cellules contenant des valeurs numériques. 29

Recopie du contenu d'une cellule 29

23. J'ai compris la méthode de recopie des données saisies mais pas bien celle des formules de calcul. Peut-on m'expliquer ? 29

24. Lorsque je recopie une date vers le bas ou vers la droite, j'obtiens la date du lendemain. Je voudrais savoir comment empêcher ça ! 30

25. N'y a-t-il pas moyen dans Excel, d'obtenir très rapidement sans les saisir, une suite de nombre telle que 1,2,3,4,5... ou 1,3,5,7... ou même une suite de dates, par exemple ; tous les derniers jours des mois sur 2 ans ? 31

26. Est-il possible de ne pas tout recopier d'une cellule ? On m'a parlé du « Collage spécial », quel en est le principe ? 32

27. J'ai saisi ou récupéré des données en minuscule, est-il possible de les transformer automatiquement en majuscule ? 32

Manipulation des Onglets du classeur 34

28. Pour copier une feuille de classeur dans le même fichier, j'utilise le clic droit de la souris puis la commande Déplacer ou copier, etc...existe-t-il un moyen beaucoup plus rapide de faire cela ? 34

29. J'utilise des tableaux faits par d'autres qui contiennent des formules telles que : =Résultats_Janvier !A3 ou =SOMME(Janvier ;Décembre !T8). Que cela veut-il dire et comment créer ces formules ? 34

Calcul simple 35

30. Un collègue m'a conseillé de toujours utiliser l'icône (Somme automatique) pour faire un calcul quel qu'il soit. A-t-il raison ? 35

31. Souvent lorsque je commence une formule de calcul je saisis le signe + au lieu du signe =. Dois-je systématiquement corriger ? 35

32. Lorsque j'insère de nouvelles lignes dans une colonne qui comporte une somme tout en bas, je m'aperçois parfois que la somme ne prend pas en compte ces nouvelles lignes. D'où cela peut-il venir ? 35

33. Je vois dans les tableaux que je récupère, le signe $ dans des formules de calcul. A quoi sert-il ? 37

34. Je vois dans les formules de calcul des tableaux que je récupère des mots comme TVA, Taux_augmentation, Montant_Total. Pourtant les calculs fonctionnent bien. Comment cela est-il possible et comment construire une formule de ce type ? 38

Calculs élaborés 39

35. Je connais l'icône Somme automatique pour faire des sommes et des moyennes par exemple, mais mes collègues me disent d'utiliser « l'Assistant fonction » pour trouver une multitude d'autres fonctions. Où le trouver et comment m'en servir ? 39

36. Je trouve dans mes tableaux des formules de calcul qui utilisent le mot SI. A quoi cela sert-il ? 40

37. Je récupère des données d'un gros système et je dois les manipuler dans Excel. Je dois, entre autres, construire une formule comprenant le mot RECHERCHEV. Pour cela j'utilise une procédure toute faite que j'ai notée sur un cahier. Je voudrais comprendre globalement à quoi sert cette fonction et surtout pourquoi je dois écrire absolument le mot FAUX à la fin...42

38. Je trouve parfois dans les tableaux que l'on me demande de gérer, la formule suivante : =SI(ESTNA(RECHERCHEV(A3 ;Table ;4 ;FAUX))=VRAI ; » » ; RECHERCHEV(A3 ;Table ;4 ;FAUX)). Comment dois-je l'interpréter ? 43

39. Existe-t-il un moyen de compter les cellules occupées d'une zone ? 43

40. Existe-t-il un moyen de compter des cellules qui contiennent une certaine valeur ? Par exemple, dans le tableau récapitulatif de mes congés, toutes les cellules contenant le mot « CP » ? 44

41. Existe-t-il un moyen très rapide (sans utiliser le doigt sur l'écran) de compter les cellules vides de la plage M3 jusqu'à M1515 ? 45

42. Est-il possible d'extraire automatiquement les mois correspondant à des dates, par exemple pour pouvoir trier les mois ? 46

Tri, Filtre 46

43. On m'a dit que pour pouvoir facilement trier, filtrer et synthétiser des données, je devais les présenter d'une certaine façon. Quelles sont les règles ? 46

44. Je connais l'icône qui sert à trier, mais je souhaite utiliser plusieurs critères. Comment faire ? 47

45. Je saisis le nom des mois de l'année dans une colonne or le tri ne fonctionne pas, car février vient avant janvier dans l'ordre alphabétique. Ai-je un moyen de trier dans l'ordre réel des mois ? 48

Manipulation des données 48

46. J'ai récupéré des données dans Excel mais une colonne contient des prénoms et des noms de famille dans la même cellule. Cela m'empêche de faire un tri par nom. Existe-t-il un moyen de séparer automatiquement en deux le contenu de la cellule afin que prénom et nom soient dans des cellules distinctes ? 48

47. Inversement je voudrais réunir le contenu de 2 cellules dans une seule. Comment faire ? ...50

48. J'ai dans une cellule des numéros de sécurité sociale. M'est-il possible de récupérer automatiquement dans les cellules proches la première valeur qui indique le sexe de la personne et les 2 suivantes qui expriment son année de naissance ? 50

49. J'ai réussi à obtenir 1 ou 2 dans des cellules à partir de numéros de sécurité sociale, mais je préfèrerais voir automatiquement « F » ou « M ». Comment faire ? 51

50. J'ai récupéré un tableau avec certaines données saisies en colonne mais je préfèrerais les avoir en ligne, sans copier/coller et sans ressaisie. Est-ce possible ? 51

Visualisation des données 52

51. Puis-je cacher des colonnes ou des lignes pour me déplacer plus vite ou pour ne pas les voir à l'impression ? 52

52. Lorsque je me déplace tout en bas ou tout à droite d'un long tableau, je ne vois plus les en-têtes de mes colonnes ou la colonne la plus à gauche. Comment les conserver à l'écran ?.54

Sécurité- Contrôle des données................................55

53. Puis-je vérifier facilement que je n'ai pas écrasé des formules de calcul en saisissant de nouveaux éléments ?..55

54. Puis-je protéger mon tableau pour que les personnes qui saisissent des données à l'intérieur n'écrasent pas mes formules ?..55

Autres fonctionnalités plus avancées 56

55. Je n'ai pas bien compris comment fonctionnent les Tableaux Croisés Dynamiques dont me parlent sans arrêt certains collègues. Arriverai-je un jour à en faire ? 56

56. J'ai vu, dans des très grands tableaux de données, des collègues faire apparaître des sous-totaux en quelques clics. Comment cela est-il possible ? 57

57. Une fois que seuls les sous-totaux apparaissent dans la feuille, ma collègue me demande comment ne copier que ces résultats, sans le détail. Est-ce possible ? 59

58. Je dispose de plusieurs feuilles distinctes dans mon classeur, de structure identique, et je voudrais modifier quelque chose sur toutes les feuilles en même temps. Est-ce possible ? .59

59. J'ai parfois besoin d'insérer dans Word ou PowerPoint un tableau venu d'Excel. Comment puis-je faire ? 60

60. Je voudrais créer un planning sur Excel, avec les dates des lundis au vendredis, puis pouvoir modifier à tout moment la date de départ et que les autres dates soient modifiées. Cela est-il possible ?..60

ANNEXE – LE TEST ! 63

Mais avant de commencer, un petit « coup de gueule » :

Si vous êtes quelqu'un qui en a assez de s'entendre dire :

- o « Mais Excel…c'est facile !! »

- o « Comment ! tu ne sais pas faire ça ?!!

- o « Viens je vais te montrer ! » (pas « expliquer »…juste « montrer »…et très vite encore…)

- o « Mais tu as été formé pourtant ! » (oui..il y a 10 ans et la formation a duré 2 jours !)

- o …plus tout ce que j'oublie….

…alors voici quelques phrases à adresser à vos managers, collègues, mari, femme, enfants, lorsqu'ils s'expriment ainsi (au besoin, faites-le de ma part puis recommanderez leur cet ouvrage) :

1. Oui ! Excel est un logiciel compliqué…

2. Oui ! on peut « tout casser » quand on modifie des données sans avoir appris les bonnes pratiques (enfin, « tout casser » signifie plutôt fausser les résultats, ce qui, il faut l'avouer, est plutôt gênant)

3. Oui ! on a le droit de ne pas tout deviner par soi-même sans que personne de qualifié ne vous le montre… même si on utilise le logiciel depuis 15 ans…

4. Non ! la formation « entre collègues » ne permet pas nécessairement d'acquérir la pratique la plus efficace et la plus pertinente pour répondre à son besoin…

Et puis, s'il vous plait, cessez de penser pour certains que vous êtes « nuls en Excel parce que vous étiez nuls en maths à l'école ».

Cela s'appelle une « croyance limitante » et c'est cette croyance qui justement vous empêche d'avancer.

Sachez qu'après la lecture de cet ouvrage, vous en saurez largement plus que la plupart des utilisateurs Excel qui vous entourent, et cela, c'est une réalité !

Saisie et formatage des données

1. Lorsque je saisis une valeur dans une cellule, il arrive, qu'après validation, elle apparaisse différemment. Peut-on une fois pour toute m'expliquer le principe ?

Ce phénomène est en effet rarement entièrement compris par les utilisateurs qui l'interprètent souvent comme aléatoire, voire irrationnel, pire surnaturel ! Il n'en est rien bien sûr et une bonne explication devrait définitivement démystifier la chose.

Le principe est que **le contenu réel d'une cellule et son format sont totalement indépendants**. Lorsque vous appuyez sur la touche Suppr, pensant tout supprimer de la cellule, vous ne supprimez en fait que son *contenu*. D'où le sentiment qu'à la ressaisie, « il se passe des choses bizarres ».

Rappelons que pour formater une cellule, vous disposez des moyens suivants :

Pour des formats standards :

Pour des formats plus personnalisés :

Clic droit / **Format de Cellule** / Onglet **Nombre**

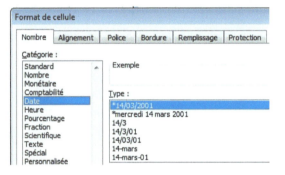

Voyons donc maintenant quelques exemples :

15687 donne :

en format numérique standard :	15 687,00
en enlevant les décimales :	15 687
en monétaire :	15 687,00 €
en pourcentage :	1568700%
en format de date malencontreux : *(nous le reverrons mais une date dans Excel est un nombre compté depuis le 1er janvier 1900)*	12/12/1942
sans compter les formats de texte :	15687

Dans tous ces cas, le **contenu réel** de la cellule est bien 15687, mais en fonction du **format** peut changer d'aspect. Après suppression du contenu (touche Suppr), le format demeure dans la cellule et l'utilisateur qui saisit de nouveau une valeur est parfois bien étonné de ce qu'il voit apparaître !

2. Pourquoi, lorsque je supprime le contenu d'une cellule en appuyant sur la touche Suppr, le texte que je retape apparaît en gras et en rouge ? Existe-t-il un moyen de « vider » complètement une cellule ?

Ce phénomène est évidemment en rapport avec la réponse précédente. Mais pour répondre à cette question précise, vous pouvez effectivement « vider » une cellule (contenu ET format), en utilisant :

Menu **Edition** / **Effacer** / **Tout** (2003)

Onglet **Accueil** / Icône **Effacer** (*ressemble à une gomme*) / **Effacer tout** (2007 et +)

 J'utilise pour ma part un « système D ». Pour ceux qui pratiquent déjà l'icône « Pinceau » : je sélectionne une cellule vide, standard, du tableau ; je clique sur le pinceau puis je l'applique sur les cellules à vider. Ainsi le format standard s'applique de nouveau. Pour les autres, ils découvriront plus loin les vertus de l'icône Pinceau qui est plutôt faite, je vous l'accorde, pour copier un joli format sur des cellules standards !..

3. Après avoir saisi dans une cellule la date : lundi 15 février 2017, j'ai vu apparaître le nombre 42781 ! Comment cela se fait-il et à quoi correspond ce nombre ?

Il suffit de savoir que **dans Excel, une date est un nombre**. C'est d'ailleurs grâce à cela qu'il est possible de calculer une différence de jours entre deux dates !

Mais quel nombre ?! Il s'agit en fait d'un nombre de jours depuis le 1er janvier 1900. Ainsi, le 15 février 2017 est le 42781ème jour depuis le 1er janvier 1900. Dire que j'ai commencé mon métier de formatrice aux environs du jour numéro 36000 !

Pourquoi ce nombre apparaît-il alors à la place de la date saisie ? Parce que le format de la cellule est numérique, et nous savons (pour ceux qui ont commencé la lecture à la question 1) que lorsqu'un format est donné une fois, il est mémorisé par la cellule.

Comment faire alors pour redonner à 42781, un format de date ? Après avoir sélectionné la cellule, **cliquez droit et choisissez Format de cellule** dans le menu qui apparaît. Choisissez ensuite dans la **catégorie Date** le format qui vous intéresse.

4. J'ai besoin de saisir dans une cellule le code produit : 0123456. Lorsque je valide ma saisie, le code se met à droite de la cellule et le zéro initial n'apparaît pas. Comment éviter cela ?

Cela veut dire que votre code est tout naturellement interprété par Excel comme un nombre et se met donc, par défaut, à droite de la cellule.

Or un nombre ne commence pas par un zéro, n'est-ce pas ? Donc Excel supprime le 0 non significatif.

Pour pouvoir saisir un code de ce type, **commencez la saisie par le signe *apostrophe***. Ainsi, tout ce qui la suit est interprété par Excel comme un alphanumérique. Exemple :

permet d'obtenir :

Très intéressant pour éviter qu'un en-tête de colonne qui contient une année ne soit considéré comme un nombre et pris éventuellement dans une somme automatique. De même, dans le cas d'un graphique, il est exclu que des en-têtes soient numériques.

---

5.   J'ai constaté que lorsque j'importe dans Excel des données venues d'un autre système elles n'arrivent pas avec le même format que celui d'origine. Est-il possible de connaître rapidement le format *réel* d'une cellule (numérique, chaîne de caractères, date) ?

Il existe des fonctions dans Excel dont le rôle est justement de tester la nature du contenu d'une cellule. Il s'agit des fonctions : **ESTNUM**, **ESTVIDE**, **ESTTEXTE**, **ESTNONTEXTE**. Le résultat obtenu est VRAI ou FAUX. Ce genre de fonction est souvent utilisé pour vérification puis ensuite supprimé.

Exemple d'utilisation de la fonction ESTNUM() :

12989	=ESTNUM(E4)	12989	VRAI
11456		11456	FAUX
10450		10450	VRAI
12000		12000	VRAI
35439		**35439**	VRAI

A première vue, il est difficile de repérer une erreur dans le total obtenu : 35439. Pourtant, l'un des nombres n'en est pas vraiment un. Si l'on regarde de plus près, « 11456 », pour des raisons que l'on ignore, est considéré comme du texte. Grâce à la fonction ESTNUM(), l'anomalie apparaît.

En consultant le contenu réel de la cellule, voici ce qui apparaît :

12989
'11456
10450
12000
35439

L'usage du signe apostrophe est évoqué à la question n°4. Fréquemment utile, dans ce cas particulier, il provoque une erreur significative.

La fonction ESTVIDE() est parfois utile lorsqu'un blanc a été saisi par mégarde dans une cellule. A l'œil nu, la cellule semble vide, mais elle ne l'est pas vraiment. Cet état de fait entraîne en général des anomalies au niveau des tris, des filtres et même des tableaux croisés dynamiques.

Exemple de tris énigmatiques :

La colonne D a été triée. Normalement, les cellules vides se placent en dessous des cellules occupées. Ici, les cellules D12 et D13 se retrouvent au-dessus. L'utilisation de la fonction ESTVIDE() révèle que ces cellules ne sont pas réellement vides mais contiennent a priori un espace.

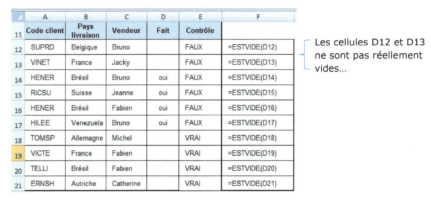

	A	B	C	D	E	F
11	Code client	Pays livraison	Vendeur	Fait	Contrôle	
12	SUPRD	Belgique	Bruno		FAUX	=ESTVIDE(D12)
13	VINET	France	Jacky		FAUX	=ESTVIDE(D13)
14	HENER	Brésil	Bruno	oui	FAUX	=ESTVIDE(D14)
15	RICSU	Suisse	Jeanne	oui	FAUX	=ESTVIDE(D15)
16	HENER	Brésil	Fabien	oui	FAUX	=ESTVIDE(D16)
17	HILEE	Venezuela	Bruno	oui	FAUX	=ESTVIDE(D17)
18	TOMSP	Allemagne	Michel		VRAI	=ESTVIDE(D18)
19	VICTE	France	Fabien		VRAI	=ESTVIDE(D19)
20	TELLI	Brésil	Fabien		VRAI	=ESTVIDE(D20)
21	ERNSH	Autriche	Catherine		VRAI	=ESTVIDE(D21)

Les cellules D12 et D13 ne sont pas réellement vides...

En général, pour résoudre ce genre de problème, il suffit de sélectionner les cellules incriminées et d'appuyer sur la touche SUPPR, afin de les vider entièrement.

---

6. J'importe souvent dans Excel des données venues d'un autre système et il arrive que des valeurs numériques soient considérées par Excel comme des textes et inversement. Est-il possible de transformer ces données ?

Il est possible de le faire en utilisant les fonctions : CNUM() pour convertir un nombre considéré comme un texte en nombre réel, et TEXTE() pour convertir un nombre en chaîne de caractères.

La fonction TEXTE() peut servir à convertir une en-tête de colonne contenant une année, en texte. Cela évitera que cette date se retrouve incluse dans une somme par exemple.

---

7. Pour sécuriser la saisie dans mon tableau, je voudrais imposer dans une colonne la saisie d'une date ou d'un nombre entier inférieur à 1000. Est-ce possible ?

La réponse à cette question, ainsi d'ailleurs qu'à la suivante, me permet de vous apprendre à utiliser la fonctionnalité d'Excel nommée **Validation des données**.

N'oublions pas qu'à l'origine votre feuille Excel est entièrement vide, livrée à votre saisie. Même si vous ne faites jamais d'erreur de saisie (n'est-ce pas ?), il en est moins sûr pour les personnes que vous allez autoriser, voire obliger, à faire de la saisie dans votre tableau.

La **Validation des données** permet globalement d'empêcher des saisies erronées, soit en déterminant un critère de validité, comme ici, soit en imposant la saisie au travers d'une liste déroulante, ce que nous verrons dans la réponse à la question suivante.

Pour restreindre donc la saisie, procédez de la façon suivante :

- sélectionnez la plage que vous souhaitez protéger d'une mauvaise saisie ;

- cliquez sur le menu **Données / Validation** (dans 2003) ;

- cliquez sur l'onglet **Données / Validation des données** (2007 et +).

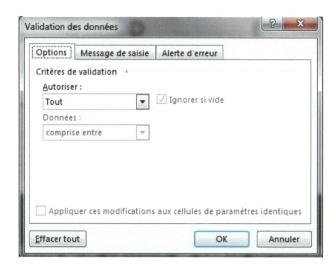

Comme vous le constatez, par défaut, tout est autorisé dans une cellule, et c'est bien parfois le problème !

Pour n'autoriser que la saisie d'une date :

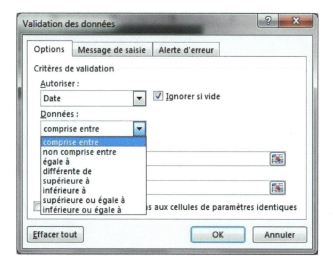

Pour n'autoriser que la saisie d'un nombre entier inférieur à 10000 :

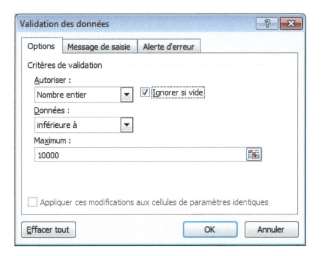

Dans les deux cas, la tentative de saisie d'une valeur non autorisée, entraînera l'affichage de la boite de dialogue suivante :

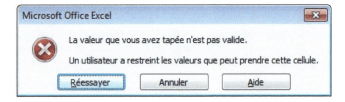

Cela est déjà bien mais il y a mieux ! En allant dans le dernier onglet de la boite de dialogue **Validation des données**, vous trouverez de quoi personnaliser le message. Exemple :

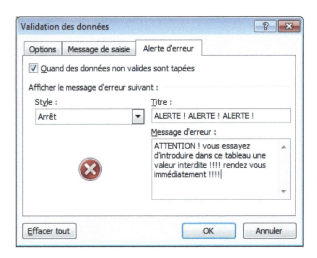

Ce qui donnera :

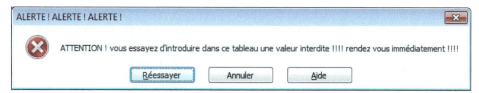

Cet exemple, volontairement excessif, permet d'imaginer quelques bonnes blagues ! Non ?...

Attention, l'effet de la validation n'est pas rétroactif. Si vous l'appliquez à des valeurs déjà saisies, Excel ne saura pas vous prévenir qu'il existe des valeurs erronées. Vous devrez donc, dans le pire des cas, saisir de nouveau les données.

8.   Pour sécuriser la saisie dans mon tableau, je voudrais choisir mes données grâce à une petite liste déroulante qui apparaîtrait en cliquant dans chaque cellule. Est-ce possible et comment faire ?

Il est en effet possible de **limiter la saisie dans une cellule Excel à certains critères**. N'oublions pas qu'une erreur de saisie peut avoir des conséquences importantes, particulièrement au niveau des formules de calcul.

Les dates doivent être également saisies de façon à conserver leur statut sans quoi certains tris, filtres et autres tableaux croisés dynamique s'en trouveraient affectés.

Pour limiter la saisie nous allons utiliser la **Validation des données** découverte dans la réponse précédente. Cette fonctionnalité est accessible dans l'**onglet Données** (2007 et +) et dans le **menu Données** (2003 et -).

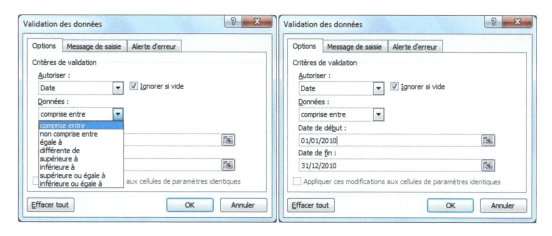

Voici quelques exemples.

L'onglet **Message de saisie** permet d'informer l'utilisateur des restrictions, au moment de la saisie :

L'onglet **Alerte d'erreur** permet d'empêcher l'utilisateur de saisir certaines valeurs :

Ici, le 29 février 2011 n'existant pas, Excel le signale. Sans la validation des données, la seule façon de constater l'erreur aurait été d'observer un alignement à gauche (en effet, une date étant un nombre, elle doit s'aligner par défaut à droite de la cellule), sous réserve qu'un centrage ne soit pas appliqué à la cellule, ce qui rend la détection d'une telle erreur bien difficile !

Sans centrage	Avec centrage
31/01/2011	31/01/2011
29/02/2011	29/02/2011
31/03/2011	31/03/2011
30/04/2011	30/04/2011
31/05/2011	31/05/2011
30/06/2011	30/06/2011

9. Est-il possible, à partir d'une date saisie sous la forme : 01/04/2016, d'obtenir automatiquement dans la cellule : « Vendredi 1 Avril » ?

Cela est possible mais vous devrez créer un **Format de nombre personnalisé**. Pour se faire :

- sélectionnez la plage concernée par le format ;

- faites un clic droit puis choisissez la commande **Format cellule** / Onglet **Nombre** / Catégorie **Personnalisé** ;

- dans la zone **Type**, effacez ce qui est éventuellement proposé et saisissez : **jjjj j mmmm**. Ce code signifie que vous souhaitez voir apparaître la date interprétée de la façon suivante : **jjjj** (le jour en français et en entier) **j** (le jour sur un caractère ou deux si supérieur ou égal à 10) **mmmm** (le mois en français et en entier).

En partant de la date saisie : 01/04/2016, voici la liste des codes qui vous permettra d'obtenir le format de votre choix :

j	1
jj	01
jjj	ven
jjjj	vendredi
m	1
mm	01
mmm	Avr
mmmm	Avril
aa	16
aaaa	2016

Pour pouvoir trier des noms de mois comme des mois et non comme du texte, utilisez le subterfuge qui suit :

Dans les cellules où vous souhaitez voir apparaître le mot Janvier, saisissez une date quelconque du mois de janvier, exemple : 01/01/2015. Procédez de la même façon pour chaque mois.

Appliquez ensuite aux cellules le format de date : mmmm.

Il sera ensuite facile de trier les mois car Excel triera des dates et non des noms de mois écrits en français.

Rappelez-vous toujours que le contenu d'une cellule et son format sont deux choses indépendantes. Ainsi le véritable contenu de la 3ème colonne est 01/08/2010, même si ce qui apparaît est : janvier.

Saisie	Saisie après application du format personnalisé : mmmm	Saisie après tri
01/08/2010	août	janvier
01/09/2010	septembre	février
01/10/2010	octobre	mars
01/11/2010	novembre	avril
01/12/2010	décembre	mai
01/01/2011	janvier	août
01/02/2011	février	septembre
01/03/2011	mars	octobre
01/04/2011	avril	novembre
01/05/2011	mai	décembre

10. J'ai passé un temps fou à mettre en forme très joliment des cellules. Puis-je recopier uniquement le « look » mais pas le texte contenu dans les cellules pour l'appliquer à d'autres ?

Vous pouvez obtenir cela sans problème en utilisant la merveilleuse icône « **Pinceau** » (certains disent « Balai » mais je préfère « Pinceau » qui me paraît plus poétique et me ramène moins à ma condition féminine…). Cette icône est située dans l'**onglet Accueil** à partir de 2007 et anciennement sur la **Barre d'outils Standard**.

Après avoir sélectionné une cellule ou une plage de cellules dont le formatage vous séduit,

cliquez sur l'icône qui représente un pinceau 🖌. Un pinceau est alors accroché à votre pointeur de souris. En sélectionnant ensuite la cellule à mettre en forme (ou la plage de cellules), vous obtiendrez exactement le même résultat.

Exemple :

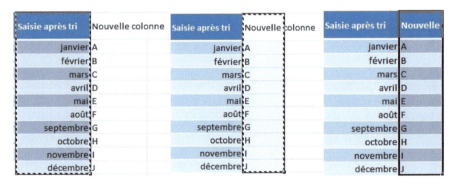

 Pour appliquer plusieurs fois de suite le pinceau, cliquez deux fois dessus. Attention, dans ce cas, vous devrez le désactiver manuellement en appuyant de nouveau sur l'icône ou sur la touche Echap du clavier.

11. Puis-je ajouter l'expression « par m² » derrière tous les nombres d'une colonne en continuant à les additionner automatiquement ?

Si vous vous posez cette question c'est que vous avez bien dû observer que :

250 m2
100 m2
=SOMME()
SOMME(**nombre1**; [nombre2]; ...)

ne donne pas 350 m2 !

Pour additionner des nombres libellés ainsi, vous allez devoir utiliser des **Formats de nombre personnalisés**. Il s'agit en fait d'une façon d'« habiller » ou de formater des nombres en leur laissant leur statut de nombre.

Dans l'exemple qui nous intéresse, les m², voici les manipulations à effectuer :

1. **Sélectionner les cellules à formater** puis effectuez un **clic droit** sur votre sélection ;

2. Cliquez **sur Format de cellule**, puis sur l'**onglet Nombre** ;

3. Cliquez sur la **catégorie Personnalisée** ;

4. Choisissez le type # ##0,00 ou # ##0 selon que vous souhaitez ou non des décimales (pour ceux qui ne sont pas familiers de ces formats, le symbole # est utilisé pour matérialiser le séparateur de milliers) ;

5. Dans la zone Type, saisissez : **# ##0,00" m²"** puis validez. Notez que l'exemple vous permet de ne valider qu'une fois l'objectif atteint.

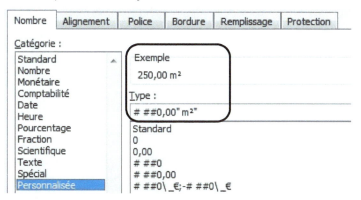

La règle est de faire suivre le format standard d'un guillemet, puis de saisir le texte de son choix, puis de terminer par un guillemet. Le texte peut contenir des espaces, mais attention, le fait de saisir un espace AVANT le premier guillemet, a pour effet de diviser le nombre par 1000 ! En revanche, le fait de mettre quelques espaces avant de fermer le guillemet permet d'écarter un peu les nombres du bord droit de la cellule, ce qui est plus esthétique.

Par cette méthode, il est possible d'obtenir des formats du type :

10 000 kilos de pommes de terre, en créant le format personnalisé : **# ##0,00" kilos de pommes de terre "** ou Taux de remise : 10%, en créant le format personnalisé : **"Taux de remise : "0%**

Grâce aux formats de nombre personnalisés, les calculs restent donc possibles.

12. Comment pourrais-je colorer automatiquement les cellules d'une plage dont le montant est inférieur à 500 et donner une autre couleur aux cellules dont le contenu est supérieur à 500 ?

En effet, il est possible de le faire en utilisant ce que l'on appelle **la Mise en forme conditionnelle**. Avec la version 2007, les possibilités de cette fonctionnalité sont devenues presque infinies, mais la complexité pour y arriver aussi.

Néanmoins l'exemple qui suit est simple et facile à mettre en œuvre et répondra à votre question.

Le point de départ est une sélection. La Mise en forme conditionnelle est avant tout une mise en forme et peut donc s'appliquer à plusieurs cellules en même temps.

Dans l'exemple ci-dessous, il s'agit donc de colorer automatiquement les cellules de la plage K2 à K14. Dans Excel 2013, 2010 et 2007, la fonction est accessible par l'onglet Accueil. Dans les versions antérieures, elle l'est par le menu Format.

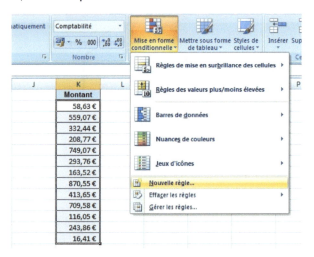

Le jeu consiste à créer une Règle. Les choix de règles sont très nombreux et vous les découvrirez au fur et à mesure, mais pour répondre à la question, vous devrez choisir l'option *Appliquer une mise en forme uniquement aux cellules qui contiennent*, puis après avoir défini vos critères, utiliser le **bouton Format** pour choisir l'aspect des cellules correspondant aux critères.

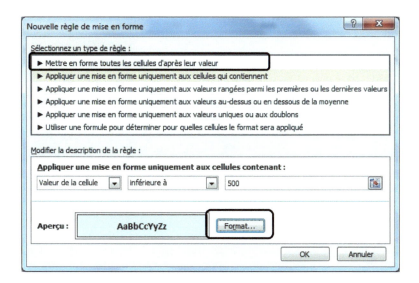

Il sera ensuite nécessaire de définir une nouvelle règle pour la 2ème mise en forme.

Par la suite, pour retrouver les règles associées à une plage de cellules, vous devrez sélectionner la plage, puis cliquer sur Mise en forme conditionnelle puis sur Gérer les règles (version 2007 et supérieures).

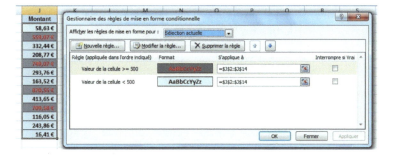

Dans certain cas, il est difficile de se rendre compte si les mises en forme appliquées à une feuille sont des mises en forme conditionnelles ou des mises en forme classiques.

Pour sélectionner automatiquement toutes les cellules d'une feuille qui contiennent une mise en forme conditionnelle, appuyez sur la touche F5 du clavier, puis sur le bouton Cellules, et enfin sur Formats conditionnels.

Par ailleurs, un message vous avertit qu'une sélection porte sur des cellules qui n'ont pas les mêmes mises en forme conditionnelle.

Raccourci

> **13. Je sais qu'il existe un certain nombre d'actions que je pourrais faire à l'aide du clavier. Mes collègues me disent souvent : « c'est Ctrl quelque chose ! ». Le problème est justement de se rappeler ce « quelque chose » ! Existe-t-il dans ce manuel un petit tableau récapitulatif ?**

Voici la liste des raccourcis les plus utiles selon moi. Plusieurs vont être évoqués de nouveau plus loin dans ce manuel (« *CTRL +* » *signifie « tenir enfoncée la touche **CTRL**, puis appuyer sur….*).

CTRL + ↖	**Retour en haut à gauche de la feuille de calcul**
CTRL + ↓ ou →	**Permet de se positionner automatiquement sur la dernière cellule d'une plage remplie, vers le bas, ou vers la droite** (idem pour gauche ou haut)
SHIFT + clic ou flèche du clavier	**Permet d'AJUSTER une Sélection**
CTRL + sélection	**Permet de faire de la SELECTION DISCONTINUE (de cellules, colonnes ou lignes distantes)**
CTRL + *	**Sélectionne toutes les cellules jusqu'à la ligne ou colonne vierge la plus proche (intéressant pour vérifier si une liste de données est bien faite)**
CTRL + Shift + ↓ ou →	**Sélectionne les cellules jusqu'à la cellule vierge la plus proche vers le bas ou la droite** (idem pour gauche ou haut)
CTRL + A	**Sélectionne tout le document (si la cellule sélectionnée n'est pas entourée de cellules remplies)**
CTRL + guillemets	**Permet d'AFFICHER A L'ECRAN LES FORMULES DE CALCUL à la place des résultats.** (Utiliser le même raccourci pour désactiver l'option)
F2	**Effectuée sur une cellule, place le curseur à la fin du contenu de la cellule**
F3	**Au sein d'une formule de calcul ou d'une fonction, affiche la liste des Noms du classeur**
F4 (1ère utilisation)	**Répète la dernière opération effectuée**
F4 (2ème utilisation)	**Effectuée après avoir cliqué sur une cellule, insère des $ avant le nom de la colonne et/ou le numéro de la ligne, ex : $B$12.**
F5	**Affiche le menu EDITION / ATTEINDRE qui permet de saisir une référence de la cellule à atteindre**
F5 puis bouton Cellules	**Permet de SELECTIONNER DES CELLULES SELON UN CRITERE : Formules de calcul, Formats conditionnels, Validation des données..etc**
CTRL + cliquer-glisser de la poignée de recopie	**Evite de créer une Série** (une Série se crée automatiquement à la recopie d'une date ou d'une cellule commençant ou finissant par un nombre)

CTRL + cliquer-glisser (une cellule, une plage...)	**Copie l'élément sélectionné** (particulièrement utile pour recopier un Onglet de feuille de calcul dans le même Classeur...)
Alt + Entrée	**Permet de saisir du texte <u>sur plusieurs lignes dans la même cellule</u>**
CTRL + **;**	**Insère automatiquement la Date du jour** (Utiliser **=Aujourdhui()** pour une date automatique)

14. J'ai vu une collègue appuyer très régulièrement sur la touche F4 du clavier. A quoi cela sert-il ?

La touche fonction **F4** a en fait deux rôles, mais lorsque votre collègue « appuie régulièrement » sur la touche, il est probable qu'elle le fait pour **répéter rapidement la dernière opération effectuée**.

Cette touche « miracle » permet en effet d'éviter de multiples mouvements de souris, de clics-droits et de recherche d'icônes.

Par exemple : vous devez dans le tableau ci-dessous insérer une ligne vierge au-dessus des codes client HILEE, TELLI et VINET.

	A	B	C
1	**Code client**	**Pays livraison**	**Vendeur**
2	ERNSH	Autriche	Catherine
3	HENER	Brésil	Bruno
4	HENER	Brésil	Fabien
5	HILEE	Venezuela	Bruno
6	RICSU	Suisse	Jeanne
7	SUPRD	Belgique	Bruno
8	TELLI	Brésil	Fabien
9	TOMSP	Allemagne	Michel
10	VICTE	France	Fabien
11	VINET	France	Jacky

Pour insérer la première, vous sélectionnerez la ligne 5, vous cliquerez droit et vous choisirez la commande Insertion (2007 et +) ou Insérer (2003 et -).

Pour les suivantes, il vous suffira de :

1. Sélectionner la ligne 8 puis appuyer sur **F4** ;

2. Sélectionner la ligne 11 puis appuyer sur **F4** ;

3. Etc...

Mais F4 est encore plus utile lorsque la première manipulation est longue à effectuer.

Par exemple : vous souhaitez encadrer d'une bordure double les données des clients HENER, SUPRD, VICTE.

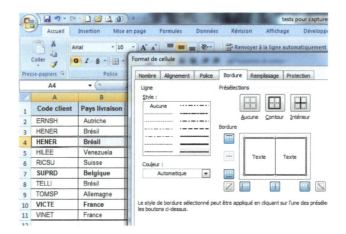

La première manipulation consistera à :

1. **Sélectionner** les cellules A4 à C4 ;

2. Cliquer sur l'**icône Bordure** de l'onglet Accueil ;

3. Choisir tout en bas la commande **Autres bordures** ;

4. Activer si nécessaire l'onglet Bordure ;

5. **Choisir le style** de trait double à gauche ;

6. Cliquer sur la présélection **Contour** et valider.

Pour les suivantes, il vous suffira de :

1. Sélectionner les cellules A7 à C7 et appuyer sur F4 ;

2. Sélectionner les cellules A11 à C11 et appuyer sur F4 ;

3. etc…

Il existe bien sûr d'autres façons de réaliser des opérations similaires rapidement. Dans ce dernier exemple certains proposeront de sélectionner les plages de cellules en une fois grâce à la touche CTRL avant d'effectuer l'enchaînement de commandes (voir question 21) ou d'utiliser l'icône « Pinceau » pour reproduire la mise en forme sur les autres plages (question 10).

Chaque manipulation a ses avantages et ses inconvénients et vous devez trouver celle qui vous convient le mieux. F4 a l'avantage de nécessiter moins de déplacements de souris, et de permettre de se concentrer à une seule action, la sélection.

ATTENTION : F4 ne répète que la dernière action effectuée, son action ne peut donc pas toujours être comparée à celle du « Pinceau ».

Déplacement

15. Existe-t-il un moyen de se positionner rapidement tout en haut de la feuille Excel ?

Pour effectuer cette manipulation il vous suffit d'utiliser le raccourci clavier :

CTRL + ⭦ (ou touche Orig ou Home dans certains claviers)

Pour connaître d'autres raccourcis clavier intéressants concernant les déplacements, consultez la question 13.

16. Existe-t-il un moyen de se positionner automatiquement dans la dernière colonne ou la dernière ligne remplie d'un tableau ?

Cela est possible en effet, **si** toutefois **il n'y a pas de cellule vide** entre les données. Dans ce cas, le raccourci clavier à utiliser est : `Ctrl` + `↓` ou `Ctrl` + `→`.

Par exemple :

Si la colonne Z est remplie jusqu'à la ligne 831, le raccourci `Ctrl` + `↓` effectué alors que la sélection est dans la cellule Z2 par exemple, conduit la sélection directement sur la cellule Z831.

En revanche, si une cellule est vide, la sélection s'arrête sur la cellule située juste avant la cellule vide, ici, sur la cellule France.

En répétant le raccourci, la cellule Z831 sera atteinte plus rapidement qu'avec d'autres techniques. Si le raccourci est effectué par mégarde sur la cellule Z831, c'est la fin de la feuille qui sera alors atteinte, Z65536 en 2003 et -, et Z1048576 ! Mais bonne nouvelle, le raccourci `Ctrl` + `↑` fonctionne très bien aussi.

Pour les déplacements horizontaux, le raccourci `Ctrl` + `→`, s'il dépasse la dernière colonne remplie vous conduira en colonne IV pour 2003 et -, et en XFD pour 2007 et +. Mais là aussi toujours bonne nouvelle, le raccourci + `←` fonctionne aussi.

17. Existe-t-il un moyen de se rendre très rapidement et sans utiliser la « molette » de la souris, sur la cellule de son choix. Par exemple les cellules M1515 ou N1804 ?

Pour y parvenir, appuyez tout simplement sur la touche **F5** de votre clavier. Dans la boite qui apparaît, saisissez la référence de la cellule. Après avoir cliqué sur OK, vous serez immédiatement positionné sur la cellule souhaitée. Cette manipulation nécessite bien évidemment que vous connaissiez « de tête » la référence de la cellule.

 F5 n'est autre que la façon plus rapide d'accéder au menu Edition / Atteindre de 2003 ou Onglet Accueil / Rechercher et sélectionner / Atteindre, pour 2007 et +.

Mais une façon beaucoup plus subtile d'atteindre une cellule de son choix est décrite dans la réponse à la question suivante. Il s'agit d'utiliser le fait de **nommer les cellules**. Cette fonctionnalité passionnante sert à de multiples choses dans Excel (voir l'explication la plus détaillée dans la réponse à la question ci-dessous, ainsi qu'à la question 34)

18. Comment pourrais-je faire pour dire à Excel : « rends-toi directement sur la cellule qui contient le Grand Total de tout mon tableau ? »

Cette opération parfaitement réalisable fait appel à une de mes techniques préférées dans Excel : la possibilité de **donner des noms à des cellules** ou des plages de cellules.

Employé également pour **éviter d'utiliser des signes $** dans les formules de calcul (voir réponse à la question n°34), elle peut servir à tout simplement **se déplacer rapidement** dans un grand tableau.

En effet en nommant la cellule qui contient le total général de votre tableau : « GrandTableau » ou tout autres noms de votre choix, **sans espace**, vous aurez moyen de vous y rendre quasi instantanément.

Exemple : commencez par vous positionner sur la cellule AA832, puis saisissez sur la **Zone Nom** le nom de votre choix, sans espace, mais avec des « tirets bas » comme : Mon_Grand_Total. **Validez en appuyant sur la touche Entrée** sans quoi le nom ne sera pas affecté à la cellule.

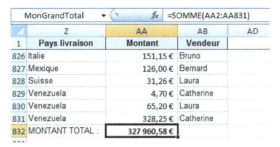

Par la suite pour vous rendre immédiatement sur la cellule AA832, utilisez la **Zone Nom** :

La touche fonction F5 vous propose également un moyen d'accéder directement à la cellule nommée :

Sélection des données

19. Puis-je rectifier une sélection lorsqu'elle est ratée ; par exemple ma souris s'est emballée et je me suis retrouvé dans la cellule M1200 au lieu de la cellule L150 ?

Bonne nouvelle ! il existe en effet un moyen de ne pas tout refaire lorsqu'une sélection est ratée. Pour **ajuster une sélection**, appuyez sur la touche ⬆ du clavier et cliquez à l'endroit initialement souhaité. Dans notre exemple, appuyez sur ⬆ et cliquez dans la cellule L150.

Il est également possible d'utiliser le clavier. En appuyant sur ⬆ et en utilisant les flèches de direction, vous rectifierez également le point d'arrivée de votre sélection.

Notez bien que le point de départ d'une sélection ne peut pas être rectifié.

20. Puis-je sélectionner très rapidement toutes les cellules remplies, d'une colonne ou d'une ligne ?

Oui ! Vous pouvez le faire ! A une condition néanmoins, que votre plage ne contienne pas de cellules vides. Vous utiliserez pour cela le raccourci : **Ctrl** + **⇧** + **↓**. La sélection s'arrêtera dès qu'une cellule vide sera rencontrée.

Pour sélectionner une plage de cellules horizontales, également jusqu'à la rencontre d'une cellule vide, utilisez le raccourci : **Ctrl** + **⇧** + **→**

21. Puis-je sélectionner des éléments, cellules, lignes ou colonnes, qui ne se suivent pas ?

C'est la touche **Ctrl** qui sert à ce type de sélection. Après avoir **sélectionné normalement** (c'est-à-dire sans mettre le doigt sur la touche Ctrl) la première cellule, ligne, colonne de votre choix, appuyez sur la touche **Ctrl** puis cliquez successivement sur les autres éléments à sélectionner (en gardant toujours la touche enfoncée).

Exemples de sélections multiples :

Ici les colonnes A et C sont sélectionnées en même temps.

	A	B	C	D	E
1	Code client	Pays livraison	Vendeur		
2	ERNSH	Autriche	Catherine		
3	HENER	Brésil	Bruno		
4	HENER	Brésil	Fabien		
5	HILEE	Venezuela	Bruno		
6	RICSU	Suisse	Jeanne		
7	SUPRD	Belgique	Bruno		
8	TELLI	Brésil	Fabien		
9	TOMSP	Allemagne	Michel		
10	VICTE	France	Fabien		
11	VINET	France	Jacky		

Ici les lignes 3, 5, 7, 9 sont sélectionnées en même temps.

22. Puis-je sélectionner dans toute ma feuille des cellules selon un critère ? Par exemple : toutes les cellules qui contiennent un calcul ou toutes les cellules contenant des valeurs numériques.

C'est grâce à la touche F5, que vous pourrez sélectionner des cellules selon des critères. Après avoir appuyé sur F5, cliquez sur le bouton Cellules... :

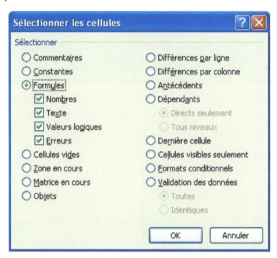

Vous pourrez sélectionner des cellules contenant différents types de formules mais aussi des **Formats conditionnels** (voir aussi question 7 et 12 à ce sujet), ou de la **Validation des données** (voir question 8).

Les cellules correspondantes ainsi sélectionnées, il vous est possible de les colorer afin de pouvoir mieux les localiser une fois la sélection terminée.

Recopie du contenu d'une cellule

23. J'ai compris la méthode de recopie des données saisies mais pas bien celle des formules de calcul. Peut-on m'expliquer ?

Vous avez donc compris qu'après avoir additionné par exemple les deux cellules A2 et B2, dans la cellule C2 vous pourrez **recopier la formule** contenue dans C2 **vers le bas** pour obtenir automatiquement la somme de A3 + B3 en C3, puis A4 + B4 en C4, A5 + B5 en C5, etc, etc, jusqu'à A540 + B540 en C540, si vous continuez votre copie jusqu'à la ligne 540.

Mais ce que nous n'avez peut-être pas compris c'est qu'en plus d'adapter la formule à la ligne d'en dessous, Excel pouvait adapter la formule à n'importe quel emplacement. Pourquoi ? Eh bien parce que ce qu'a réellement compris Excel à partir de la 1ère opération, c'est qu'il doit « additionner les deux cellules qui sont sur sa gauche sur la même ligne ». C'est en fait grâce à cette façon de fonctionner que la formule va tout naturellement s'adapter aux lignes situées en dessous.

Afin de mieux comprendre, faites l'expérience suivante : copiez la formule située en C2 par exemple en D12 et regardez la formule contenue en D12. Qu'y voyez-vous ? *=B12+C12*. Vous pouvez donc mieux comprendre le principe car il s'agit bien des 2 cellules situées à gauche de D12.

Voici pourquoi on appelle cette façon de désigner les cellules ; A2, B12, C540, des calculs à **références relatives**, c'est-à-dire, relatives à l'endroit où elles se trouvent.

Le principe est-il plus clair ?

24. Lorsque je recopie une date vers le bas ou vers la droite, j'obtiens la date du lendemain. Je voudrais savoir comment empêcher çà !

Dans ce cas précis, vous voici « victime » de la **Recopie incrémentée**. Cette option par défaut d'Excel peut être fort pratique lorsqu'il s'agit justement de créer une suite de dates, ou de mois, ou de jour, ou autres suites de nombres. Ici, il s'agit par contre de l'empêcher. Vous disposez pour cela de plusieurs techniques :

Après avoir tiré la *Poignée de recopie* vers le bas, cliquez sur la balise qui apparaît, puis choisissez *Copier des cellules*. En effet, comme vous pouvez le constater, c'est l'option *Incrémenter une série* qui est par défaut appliquée.

Autre tuyau encore plus rapide : appuyez sur la touche ⎡Ctrl⎤ en faisant glisser la *Poignée de recopie*. Efficace, non ?

Quelques précautions à prendre ou intérêts de la série incrémentée : les séries se font automatiquement pour les dates, jours, mois, mais également sur toutes cellules qui commencent par un chiffre ou se terminent par un chiffre. Il faudra donc faire attention lors de la recopie incrémentée d'adresses ou autres numéros de codes ou de dossiers.

Janvier	Lundi	15 rue des Roises	01/01/2011	Dossier n° 540
Février	Mardi	16 rue des Roises	02/01/2011	Dossier n° 541
Mars	Mercredi	17 rue des Roises	03/01/2011	Dossier n° 542
Avril	Jeudi	18 rue des Roises	04/01/2011	Dossier n° 543
Mai	Vendredi	19 rue des Roises	05/01/2011	Dossier n° 544
Juin	Samedi	20 rue des Roises	06/01/2011	Dossier n° 545
Juillet	Dimanche	21 rue des Roises	07/01/2011	Dossier n° 546

25. N'y a-t-il pas moyen dans Excel, d'obtenir très rapidement sans les saisir, une suite de nombre telle que 1,2,3,4,5... ou 1,3,5,7... ou même une suite de dates, par exemple ; tous les derniers jours des mois sur 2 ans ?

Ce sont à nouveau les *Séries incrémentées* qui vont vous aider à réaliser ce type de manipulation. Excel est en effet programmé pour les reconnaître et les créer.

Le secret est de faire comprendre à Excel l'écart que vous souhaitez obtenir entre chaque donnée, sans quoi il ne pourra pas deviner, si vous souhaitez obtenir 2, 3, 4, 5 ou 2, 4, 6, 8.

Vous devez donc :

1. Saisir les 2 premiers éléments de la série ;

2. Sélectionner les deux cellules ;

3. Tirer la Poignée de recopie vers le bas (ou vers la droite, gauche, haut...).

Exemples :

1	31/01/2011	Dossier n°540
2	28/02/2011	Dossier N°550

Ces exemples de sélections, suivies de l'utilisation de la Poignée de recopie, permettront d'obtenir très rapidement ces suites *(en gras, les cellules à saisir puis à sélectionner avant de « tirer la poignée »)* :

1	2	31/01/2016	Dossier n°1	Dossier n°540	Lundi
2	4	29/02/2016	Dossier n°2	Dossier n°550	Mardi
3	6	31/03/2016	Dossier n°3	Dossier n°560	Mercredi
4	8	30/04/2016	Dossier n°4	Dossier n°570	Jeudi
5	10	31/05/2016	Dossier n°5	Dossier n°580	Vendredi
6	12	30/06/2016	Dossier n°6	Dossier n°590	Samedi
7	14	31/07/2016	Dossier n°7	Dossier n°600	Dimanche
8	16	31/08/2016	Dossier n°8	Dossier n°610	
9	18	30/09/2016	Dossier n°9	Dossier n°620	
10	20	31/10/2016	Dossier n°10		
		30/11/2016			
		31/12/2016			

26. Est-il possible de ne pas tout recopier d'une cellule ? On m'a parlé du « Collage spécial », quel en est le principe ?

Comme nous l'avons vu dans la réponse n°1, une cellule peut contenir plusieurs éléments : une valeur « brute », un format, une formule de calcul.

Il arrive, et nous en verrons un exemple intéressant dans la réponse qui suit, que l'on ne souhaite recopier qu'une partie d'une cellule. On utilisera alors le **Collage spécial**.

Cette option est souvent utilisée pour récupérer la valeur résultant d'un calcul. Voici ce qu'il est possible de coller après avoir fait un Copier d'une cellule ou d'une plage de cellules :

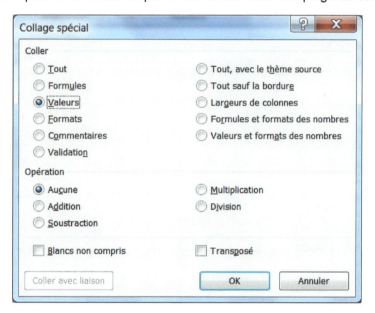

 L'option Transposé peut être fort intéressante pour recopier une plage de cellules présentées verticalement, en plage de cellules présentées horizontalement…

27. J'ai saisi ou récupéré des données en minuscule, est-il possible de les transformer automatiquement en majuscule ?

Il est possible d'obtenir ce résultat mais en utilisant un stratagème car il n'existe pas de fonction totalement automatique, comme par exemple dans Word « changer la casse ».

Vous devrez donc tout d'abord utiliser une fonction de calcul (eh oui, convertir du texte est considéré comme un calcul dans Excel !) bref, une fonction de calcul telle que, par exemple, **Majuscule()**.

Une fois le résultat obtenu, vous devrez utiliser le fameux **Collage spécial Valeurs**, présenté ci-dessus. Voici un premier exemple :

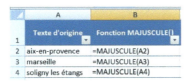 

Dans cet exemple, si votre but est de ne conserver que le contenu de la colonne B, vous ne pouvez supprimer la colonne A puisque la colonne B est le résultat du contenu de la colonne A mise en majuscule ! (ce n'est pas clair !? Relisez éventuellement la phrase tout haut plusieurs fois..).

Bon, voici un visuel de l'erreur obtenue :

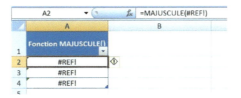

La fonction initiale convertissait A2 en majuscule, si vous supprimez le contenu de A2, la fonction ne sait plus quoi convertir !

Revenons au scénario où vous avez compris que vous ne pourrez pas supprimer le texte d'origine sans faire une dernière manipulation. Votre but est de conserver uniquement le résultat de la formule et non la formule elle-même. C'est dans ce cas-là, entre autres, que vous allez recourir au **Collage spécial**. Revenons au premier résultat obtenu en nous rappelant que le contenu des cellules B2 à B4 est le résultat d'une formule :

Avant de supprimer la colonne A :

1. **Sélectionner** les cellules B2 à B4 ;

2. **Copier** les cellules ;

3. En restant sur la plage sélectionnée, cliquez avec le bouton droit de la souris puis choisissez : **Collage Spécial** puis **Valeurs**.

Le résultat obtenu étant du texte simple, il est ensuite possible de supprimer la colonne A qui contient le texte d'origine.

A noter qu'un Collage spécial peut bien sûr s'effectuer dans une autre plage de cellules que celle d'origine.

Manipulation des Onglets du classeur

> **28. Pour copier une feuille de classeur dans le même fichier, j'utilise le clic droit de la souris puis la commande Déplacer ou copier, etc…existe-t-il un moyen beaucoup plus rapide de faire cela ?**

La très grande majorité des utilisateurs que j'ai rencontrés, sont très fiers de répondre à ma question : « comment faites-vous pour copier une feuille de classeur dans le même classeur ? », par un « eh bien, c'est facile !!! » :

1. On clique droit sur l'onglet de la feuille à copier ;

2. On choisit l'option *Déplacer ou copier…* ;

3. On coche Créer une copie ;

4. On indique *Avant quelle feuille* on veut insérer la copie et on valide.

Après cette énumération, je m'amuse un peu, je l'avoue, en leur lançant d'un ton léger : « ah, bon, vous faites çà ?, moi je fais simplement « Ctrl + cliquer-glisser » !

En effet, n'oublions pas que la touche CTRL $\boxed{\text{Ctrl}}$ a deux fonctions principales en micro-informatique : la sélection discontinue ET la copie lorsqu'elle est associée à un cliquer-glisser. Avec CTRL, on peut copier tout ce que l'on veut : une cellule, une ligne, une colonne, un onglet, mais elle est également efficace dans Word, Powerpoint et même Windows pour copier des fichiers ou des dossiers.

Le nom donné à la nouvelle feuille est celui de la première, suivi de (2), puis de (3) si l'opération est renouvelée, etc. Les feuilles peuvent ensuite bien entendu être renommées en cliquant deux fois sur l'onglet.

> **29. J'utilise des tableaux faits par d'autres qui contiennent des formules telles que : =Résultats_Janvier !A3 ou =SOMME(Janvier ;Décembre !T8). Que cela veut-il dire et comment créer ces formules ?**

Traduite en français, la formule =Résultats_Janvier !A3, signifie que la cellule dans laquelle on se trouve est égale à la cellule A3 de la feuille du classeur nommée Résultats_Janvier.

Le deuxième exemple signifie que la cellule dans laquelle on se trouve est égale à la somme de toutes les cellules T8 des feuilles Janvier à Décembre.

Pour obtenir l'égalité =Résultats_Janvier !A3, le créateur, une fois positionné dans la cellule résultat, aura :

1. appuyé sur la touche = ;

2. cliqué sur l'onglet de la feuille Résultats_Janvier ;

3. cliqué sur la cellule A3 ;

4. VALIDE avec la touche ENTREE.

Il est en effet fondamental de ⌷Valider⌷ au lieu de chercher à revenir sur la feuille de départ, ce que beaucoup essaient de faire.

Si l'égalité est possible, les calculs le sont également. Vous pourrez ainsi trouver des formules du style :

= Résultats_Janvier !A3 + Résultats_Janvier !A5 - Résultats_Janvier !A12.

Notez que lorsque le nom de la feuille contient des espaces, Excel ajoute automatiquement des apostrophes autour du nom. Par exemple : 'Total 2010'!A3

Calcul simple

30. Un collègue m'a conseillé de toujours utiliser l'icône (Somme automatique) pour faire un calcul quel qu'il soit. A-t-il raison ?

Bizarrement, on trouve des personnes qui pensent cela. Mais hélas votre collègue a tort. La Somme automatique, comme son nom l'indique, sert à faire des Sommes !

Les calculs arithmétiques de base s'écrivent tout simplement : =A12+A15 ou =G6*H7, etc.

Evidemment, comme la SOMME(3*2) est aussi égale à 3*2 ! il est difficile de se rendre compte de son erreur. En fait, il ne s'agit pas à proprement parler d'une erreur, mais d'un contresens, une hérésie, en quelque sorte, et en toute sympathie.

31. Souvent lorsque je commence une formule de calcul je saisis le signe + au lieu du signe =. Dois-je systématiquement corriger ?

Contrairement aux idées reçues, il n'est pas gênant de débuter une formule par le signe +. Vous constaterez d'ailleurs en essayant qu'Excel rajoute lui-même le signe =.

Les deux formules ci-dessous donnent exactement le même résultat :

=G44*I44

=+G44*I44

L'avantage est que les deux signes se trouvent sur la même touche !

32. Lorsque j'insère de nouvelles lignes dans une colonne qui comporte une somme tout en bas, je m'aperçois parfois que la somme ne prend pas en compte ces nouvelles lignes. D'où cela peut-il venir ?

Il s'agit d'une erreur extrêmement fréquente qui rend les totaux complétement inexacts.

Petite leçon d'expérience : ne croyez jamais que vos calculs sont valables « pour toujours ». Certaines manipulations faites ultérieurement peuvent en effet rendre les résultats erronés. Si vous avez lu la totalité de cet ouvrage, vous vous êtes rendu compte qu'il s'agit d'un leitmotiv chez moi.

Donc, comment expliquer que des résultats soient faux. Imaginons le calcul suivant :

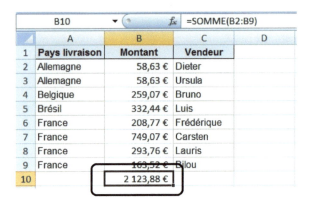

A ce stade, **le total englobe bien les lignes B2 à B9**. Si l'insertion de nouvelles lignes à l'intérieur de la plage, c'est-à-dire **en dessous de la ligne 2 et au-dessus de la ligne 9**, adaptent bien le total, il en est différemment des lignes insérées au-dessus de la ligne 2, ou en dessous de la ligne 9.

Par exemple :

Il est visible que le total n'a pas changé malgré l'insertion de nouvelles lignes.

Alors quelle solution ? Faire attention et vérifier les totaux après insertion de lignes. Le phénomène est d'ailleurs le même lors des insertions de colonnes.

 Une solution rapide : cliquer deux fois sur le résultat. Une bordure indiquant la plage concernée apparaît vous permettant au besoin de rectifier.

A noter que certaines versions d'Excel peuvent signaler une erreur lors de l'insertion de lignes, voire ajuster automatiquement le total, si toutefois la ligne est insérée juste au-dessus.

33. Je vois dans les tableaux que je récupère, le signe $ dans des formules de calcul. A quoi sert-il ?

Ce symbole sert à « **figer** » **une référence de cellule**. Pour commencer, vous pourriez vous reporter à la question 23 qui explique le principe des calculs Excel.

Pour illustrer l'intérêt d'utiliser le **symbole $**, voici un premier exemple où le symbole n'est pas utilisé :

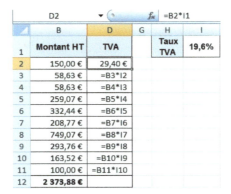

La première formule saisie en D2 sera exacte car la TVA est bien égale à B2*I2. Par contre, lors de la recopie de la formule vers le bas, les références de cellules vont s'adapter et donner les formules que l'on voit sur la capture d'écran. On comprend bien que : B3*I2, ne peut donner que 0 car I2 est vide !

A contrario, regardez les formules ci-dessous :

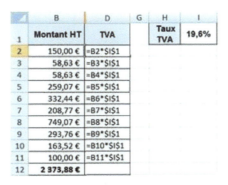

Grâce au symbole $, la recopie de la première formule a fonctionné. Le recours au symbole $ fait simplement comprendre à Excel qu'il doit toujours faire référence à la cellule I1, même lors de la recopie.

Pour comprendre comment vous passer des $ dans certains cas, reportez-vous à la question suivante.

34. Je vois dans les formules de calcul des tableaux que je récupère des mots comme TVA, Taux_augmentation, Montant_Total. Pourtant les calculs fonctionnent bien. Comment cela est-il possible et comment construire une formule de ce type ?

Lorsque l'on voit dans un calcul des mots « en français » et que les calculs fonctionnent bien, c'est qu'il s'agit de **Noms de cellule**. En effet, pour mieux repérer les données qui sont utilisées dans une formule et pouvoir recopier le calcul vers le bas ou la droite dans avoir recours « aux dollars », c'est-à-dire aux références absolues, l'idéal est de nommer les cellules.

Par exemple : **=G3*TVA** est une formule qui signifie visiblement qu'une cellule nommée TVA contient le taux de tva en vigueur. L'avantage d'une telle formule est qu'elle peut être immédiatement recopiée vers le bas car la cellule située en-dessous sera égale à : =G4*TVA.

Comment nommer une cellule ou une plage ? Il existe bien sûr plusieurs méthodes mais en voici une qui fonctionne dans toutes les versions d'Excel.

Après avoir sélectionné la ou les cellules à nommer, cliquez dans la **zone Nom** et saisissez le nom que vous souhaitez donner à la cellule ou plage. Attention de bien terminer en **appuyant sur la touche ENTREE**. Par ailleurs, les noms ne peuvent pas contenir d'espaces. C'est pour cela que vous pourrez voir dans des formules des noms tels que : Taux_augmentation, Montant_Total.

Taux_TVA	▼	f_x	19,6%		
A	**B**	**C**	**D**	**E**	**F**
Code client	**Date commande**	**Montant HT**	**Montant TVA**		**19,60%**
CECTU	26-avr-10	58,63 €			
CECTU	14-déc-10	259,07 €			
CECTU	04-janv-11	332,44 €			
CECTU	08-févr-11	208,77 €			
CECTU	07-mars-11	749,07 €			
CECTU	25-avr-11	293,76 €			
CENTC	15-juil-09	163,52 €			
CHOPS	08-juil-09	70,55 €			
CHOPS	30-nov-09	413,65 €			

Comment et pourquoi utiliser un Nom ?

En cliquant sur :

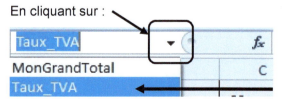

puis sur Taux_TVA, la cellule nommée Taux_TVA se trouvera automatiquement sélectionnée. Au fond, dans ce cas, le fait d'avoir nommé des cellules sert à s'y rendre plus rapidement !

Sinon, comme nous l'avons évoqué plus haut, nommer des cellules sert à rendre les calculs plus lisibles et plus faciles à recopier.

Enfin, pour ceux qui utilisent la **Validation des données** (voir questions 7 et 8), nommer une liste permet de la stocker dans une autre feuille. C'est d'ailleurs pour cet usage que le fait de nommer les cellules est le plus connu. Comme nous venons de le voir, c'est loin d'être son seul intérêt.

Calculs élaborés

> **35. Je connais l'icône Somme automatique pour faire des sommes et des moyennes par exemple, mais mes collègues me disent d'utiliser « l'Assistant fonction » pour trouver une multitude d'autres fonctions. Où le trouver et comment m'en servir ?**

Somme et **Moyenne** sont ce que l'on appelle des **Fonctions**.

Etant les plus utilisées, elles bénéficient d'une icône dédiée :

Cependant Excel regorge de fonctions diverses et variées. Toutes ces fonctions sont accessibles par le fameux **Assistant Fonction**. Son symbole est reconnaissable et se retrouve dans toutes les versions d'Excel : *fx*

L'Assistant fonction propose donc toutes les fonctions possibles ainsi que leur syntaxe et les paramètres à leur fournir. Prenons l'exemple de la fonction **DATE** qui permet à partir d'un numéro de jour, de mois et d'année, de reconstituer une véritable date :

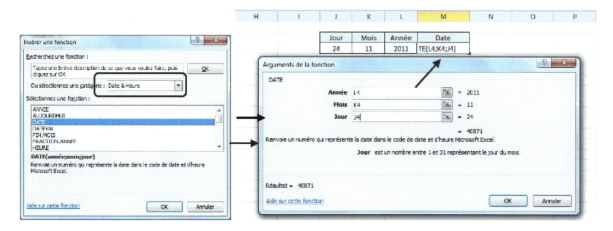

La fonction : **=DATE(L4;K4;J4)**, donne dans la cellule M4 : **24/11/2011**.

Les fonctions sont classées par catégorie : Finances, Date & Heure, Math & Trigo, Statistiques, Recherche et Matrices, Texte, Logique, Informations…

---

36. Je trouve dans mes tableaux des formules de calcul qui utilisent le mot SI. A quoi cela sert-il ?

La fonction **SI** est l'une des fonctions géniales d'Excel. La connaître peut changer la vie de beaucoup d'utilisateurs. Avant de l'utiliser, une première étape est de la « traduire ».

La fonction **SI** est utilisée par exemple de façon simple pour éviter une division par 0. En effet, en mathématique, il est interdit de diviser un nombre par 0. Le résultat d'une telle division renvoie dans la cellule résultat la valeur **#DIV/0!**.

Regardez dans l'exemple ci-dessous comment utilisez une fonction **SI** pour l'éviter :

	A	B	C	D
1	Après recopie vers le bas de la formule située en C4			
2				
3	**Montant**	**Diviseur**	**Résultat division**	**Formule**
4	150 000,00	10,00	15 000,00	=A4/B4
5	120 000,00		#DIV/0!	=A5/B5
6	13 000,00		#DIV/0!	=A6/B6
7	5 000,00		#DIV/0!	=A7/B7
8	120 000,00	50,00	2 400,00	=A8/B8
9	100,00	50,00	2,00	=A9/B9
10	50,00	100,00	0,50	=A10/B10

Sans utilisation de la fonction SI

	A	B	C	D
1	Avec utilisation de la fonction SI			
2				
3	**Montant**	**Diviseur**	**Résultat division**	**Formule**
4	150 000,00	10,00	15 000,00	=SI(B4="";"";A4/B4)
5	120 000,00			=SI(B5="";"";A5/B5)
6	13 000,00			=SI(B6="";"";A6/B6)
7	5 000,00			=SI(B7="";"";A7/B7)
8	120 000,00	50,00	2 400,00	=SI(B8="";"";A8/B8)
9	100,00	50,00	2,00	=SI(B9="";"";A9/B9)
10	50,00	100,00	0,50	=SI(B10="";"";A10/B10)

Pour une première approche simple de la fonction **SI**, nous traduirons la formule « en français » par :

Si la cellule contenant le diviseur est vide, **alors** nous mettons un vide dans la cellule résultat, **sinon**, nous faisons la division.

Nous pouvons donc mieux comprendre la syntaxe de cette fonction :

=SI(CONDITION ; valeur ou formule **si la condition est VRAIE** ; valeur ou formule **si la condition est FAUSSE)**

Le premier point virgule peut être traduit par **ALORS**, et le deuxième par **SINON**. Les guillemets saisis côte à côte signifient « rien ». Attention, cela n'est pas la même chose que : " " qui signifierait : mettre un caractère blanc.

Je ne vous cache pas qu'il s'agit là d'un exemple simplissime de la fonction **SI**. Hélas, vous pourrez rencontrer, dans le pire des cas, des formules de ce type :

```
=SI(BJ4="cu";BH4*(1-BK4)*(1-
(BL4+BM4+BN4+BO4+BP4+BQ4+BR4+BS4+BT4+BU4+BV4+BW4+BX4+BY4+BZ4+CA4+C
B4+CC4+CD4+CE4+CF4));SI(BJ4="ca";BH4*(1-BK4)*(1-BL4)*(1-BM4)*(1-BN4)*(1-BO4)*(1-
BP4)*(1-BQ4)*(1-BR4)*(1-BS4)*(1-BT4)*(1-BU4)*(1-BV4)*(1-BW4)*(1-BX4)*(1-BY4)*(1-
BZ4)*(1-CA4)*(1-CB4)*(1-CC4)*(1-CD4)*(1-CE4)*(1-CF4);SI(BJ4="cuc";BH4*(1-BK4)*(1-
(BL4+BM4+BN4+BO4+BP4+BQ4+BR4+BS4+BT4+BU4+BV4+BW4+BX4+BY4+BZ4+CA4+C
B4+CC4+CD4+CE4+CF4));SI(BJ4="cac";BH4*(1-BK4)*(1-BL4)*(1-BM4)*(1-BN4)*(1-BO4)*(1-
BP4)*(1-BQ4)*(1-BR4)*(1-BS4)*(1-BT4)*(1-BU4)*(1-BV4)*(1-BW4)*(1-BX4)*(1-BY4)*(1-
BZ4)*(1-CA4)*(1-CB4)*(1-CC4)*(1-CD4)*(1-CE4)*(1-CF4);SI(BJ4="cucr";BH4*(1-BK4)*(1-
(BL4+BM4+BN4+BO4+BP4+BQ4+BR4+BS4+BT4+BU4+BV4+BW4+BX4+BY4+BZ4+CA4+C
B4+CC4+CD4+CE4+CF4));BH4*(1-BK4)*(1-BL4)*(1-BM4)*(1-BN4)*(1-BO4)*(1-BP4)*(1-
BQ4)*(1-BR4)*(1-BS4)*(1-BT4)*(1-BU4)*(1-BV4)*(1-BW4)*(1-BX4)*(1-BY4)*(1-BZ4)*(1-
CA4)*(1-CB4)*(1-CC4)*(1-CD4)*(1-CE4)*(1-CF4))))))
```

C'est véridique ! j'ai glané cette formule dans un vrai tableau, utilisé en entreprise par une personne qui ne connaissait pas bien Excel du tout !. Qu'elle se rassure, celui ou celle qui a fait un jour cette formule serait sans nul doute incapable de la refaire ! Je vous passe les sources d'erreurs. Le fait d'enlever par mégarde quelques caractères de cette formule fausserait complètement le résultat. Et il faut savoir qu'elle était censée calculer des honoraires à facturer à des clients !

A noter également que **cette formule pouvait être extrêmement simplifiée**. Par exemple la première chaîne :
« BL4+BM4+BN4+BO4+BP4+BQ4+BR4+BS4+BT4+BU4+BV4+BW4+BX4+BY4+BZ4+CA4+
CB4+CC4+CD4+CE4+CF4 », pouvant être remplacée par SOMME(BL4 :CF4) !

Mais nous serons amenés à retrouver la fonction **SI** à d'autres endroits de ce manuel.

37. Je récupère des données d'un gros système et je dois les manipuler dans Excel. Je dois, entre autres, construire une formule comprenant le mot RECHERCHEV. Pour cela j'utilise une procédure toute faite que j'ai notée sur un cahier. Je voudrais comprendre globalement à quoi sert cette fonction et surtout pourquoi je dois écrire absolument le mot FAUX à la fin.

La fonction **RechercheV** est sans doute une des fonctions les plus difficiles à intégrer. Pas forcément à comprendre, pour peu qu'elle soit expliquée par un bon formateur, mais plutôt à appliquer à ses propres besoins. Très fréquemment utilisée dans les services comptables et de gestion, elle l'est parfois de façon machinale mais sans réelle compréhension. La preuve en est le peu de personnes qui ont compris le rôle du mot « Faux » en dernier paramètre. Il est pourtant fondamental et une vraie source d'erreur lorsqu'il est omis à mauvais escient.

Alors comment comprendre par exemple la fonction : **RECHERCHEV(A3 ;Table ;4 ;FAUX)** ?

Traduisons-la tout d'abord : elle sert à **aller rechercher la valeur contenue dans la cellule A3, dans la première colonne d'une plage de cellule nommée Table, et lorsqu'elle la trouve, récupère la valeur contenue dans la 4ème colonne de la table**. Exemple :

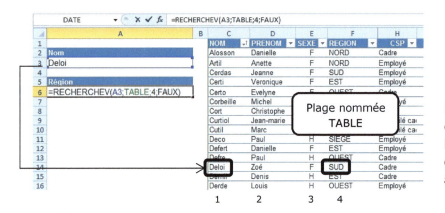

Le résultat de la fonction va être le mot SUD car il est bien placé dans la 4ème colonne de la ligne dédiée à Deloi.

Dans cet exemple il est *absolument impératif* d'écrire le mot **Faux** qui veut dire que l'on cherche *exactement* le nom contenu dans la cellule A3, et non pas un nom approchant. Si le mot est omis et que Deloi n'existe pas dans la liste, la région rapportée sera celle de Defre, c'est-à-dire du nom immédiatement au-dessus de Deloi. Ce genre d'erreur peut être très préjudiciable et souvent impossible à vérifier suivant le volume d'informations.

Dans d'autre cas où l'on cherche au contraire des valeurs proches, il sera indispensable d'omettre le mot Faux, ce qui équivaut à écrire Vrai.

La fonction RechercheV est une fonction très riche et il faut une certaine pratique pour l'intégrer totalement.

38. Je trouve parfois dans les tableaux que l'on me demande de gérer, la formule suivante : *=SI(ESTNA(RECHERCHEV(A3 ;Table ;4 ;FAUX))=VRAI ; » » ; RECHERCHEV(A3 ;Table ;4 ;FAUX))*. Comment dois-je l'interpréter ?

Il est à noter que ce qui suit s'adresse à des personnes qui connaissent bien le fonctionnement de la fonction Recherchev. Si ce n'est pas le cas, je vous conseille de prendre tout d'abord connaissance de la réponse précédente.

Bref, pour répondre à la question, cette formule permet tout simplement d'**éviter le message disgracieux** renvoyé par la fonction RECHERCHEV lorsqu'elle ne trouve pas la correspondance choisie.

Pour éviter l'apparition du #NA, il est possible d'utiliser cette formule qui peut être traduite par :

Si le résultat de la recherche est égale à #NA :
=SI(**ESTNA(RECHERCHEV(A3 ;Table ;4 ;FAUX))=VRAI** ;"Nouveau client"; "Client existant")

alors j'écris "Nouveau client" :
=SI(ESTNA(RECHERCHEV(A3 ;Table ;4 ;FAUX))=VRAI ;"**Nouveau client**"; "Client existant")

sinon j'écris "Client existant" :
=SI(ESTNA(RECHERCHEV(A3 ;Table ;4 ;FAUX))=VRAI ;"Nouveau client"; "**Client existant**")

	A	B	C
1	Code client	Existe dans la feuille Clients 2015 ?	===> Résultat sans les fonctions SI et ESTNA
2	ALFKI	ALFKI	=RECHERCHEV(A2;'Clients 2015'!$A$1:$A$6;1;FAUX)
3	ANATR	ANATR	=RECHERCHEV(A3;'Clients 2015'!$A$1:$A$6;1;FAUX)
4	ANTON	#N/A	=RECHERCHEV(A4;'Clients 2015'!$A$1:$A$6;1;FAUX)
5	AROUT	AROUT	=RECHERCHEV(A5;'Clients 2015'!$A$1:$A$6;1;FAUX)
6	BERGS	BERGS	=RECHERCHEV(A6;'Clients 2015'!$A$1:$A$6;1;FAUX)
7	BLAUS	BLAUS	=RECHERCHEV(A7;'Clients 2015'!$A$1:$A$6;1;FAUX)
8			
9	Code client	Existe dans la feuille Clients 2015 ?	===> Résultat avec les fonctions SI et ESTNA
10	ALFKI	Client existant	=SI(ESTNA(RECHERCHEV(A10;'Clients 2015'!$A$1:$A$6;1;FAUX))=VRAI;"Nouveau client";"Client existant")
11	ANATR	Client existant	=SI(ESTNA(RECHERCHEV(A11;'Clients 2015'!$A$1:$A$6;1;FAUX))=VRAI;"Nouveau client";"Client existant")
12	ANTON	Nouveau client	=SI(ESTNA(RECHERCHEV(A12;'Clients 2015'!$A$1:$A$6;1;FAUX))=VRAI;"Nouveau client";"Client existant")
13	AROUT	Client existant	=SI(ESTNA(RECHERCHEV(A13;'Clients 2015'!$A$1:$A$6;1;FAUX))=VRAI;"Nouveau client";"Client existant")
14	BERGS	Client existant	=SI(ESTNA(RECHERCHEV(A14;'Clients 2015'!$A$1:$A$6;1;FAUX))=VRAI;"Nouveau client";"Client existant")
15	BLAUS	Client existant	=SI(ESTNA(RECHERCHEV(A15;'Clients 2015'!$A$1:$A$6;1;FAUX))=VRAI;"Nouveau client";"Client existant")

39. Existe-t-il un moyen de compter les cellules occupées d'une zone ?

Il est très intéressant de pouvoir **savoir à tout moment combien de cellules d'une plage sont remplies**.

La fonction **NBVAL()** dont la syntaxe ressemble à la somme, a comme résultat le nombre de cellules non vides d'une sélection.

L'exemple qui suit montre un exemple d'application de la fonction NBVAL() :

Code client	Pays livraison	Vendeur		Code client	Pays livraison	Vendeur
ERNSH	Autriche	Catherine		ERNSH	Autriche	Catherine
HENER	Brésil	Bruno		HENER	Brésil	Bruno
HENER	Brésil	Fabien		HENER	Brésil	Fabien
HILEE	Venezuela	Bruno		HILEE	Venezuela	Bruno
RICSU	Suisse	Jeanne		RICSU	Suisse	Jeanne
SUPRD	Belgique	Bruno		SUPRD	Belgique	Bruno
TELLI	Brésil	Fabien		TELLI	Brésil	Fabien
TOMSP	Allemagne	Michel		TOMSP	Allemagne	Michel
VICTE	France	Fabien		VICTE	France	Fabien
VINET	France	Jacky		VINET	France	Jacky
Nombre de clients : =NBVAL(A2:A11)				**Nombre de clients :**	10	

L'immense avantage d'utiliser cette fonction plutôt que de compter les cellules à la main est que **chaque insertion d'une nouvelle ligne contenant un nom de client fait varier automatiquement le résultat**. Chaque suppression également bien entendu.

Accessoirement, elle permet également d'éviter de salir l'écran en comptant avec un doigt…

Certains aiment comparer cette méthode avec celle-ci :

La grande différence est que le résultat qui apparaît dans la barre d'état est « volatile » au sens où il disparaît lorsque la plage n'est plus sélectionnée.

---

40. Existe-t-il un moyen de compter des cellules qui contiennent une certaine valeur ? Par exemple, dans le tableau récapitulatif de mes congés, toutes les cellules contenant le mot « CP » ?

Si le mot CP est tapé systématiquement de la même façon dans tout le tableau, vous pourrez en effet compter les cellules qui le contiennent. Vous utiliserez pour cela la fonction : **NB.SI()**.

Exemple :

novembre	15	16	17	18	19	20	21	22	23	24	25	26	27	28	29
	dim	lun	mar	mer	jeu	ven	sam	dim	lun	mar	mer	jeu	ven	sam	dim
Carsten				RTT											
Lauris		RTT					cp					Divers			RTT
Christiane	Divers	Divers		Divers	CP					rtt					
Bernard		CP		RTT		Divers			RTT			CP			
Nathalie	RTT													RTT	
Frédérique					CP	CP	CP								
Nbre absence :	2	3	0	3	2	2	2	0	1	1	0	2	0	1	1
Nbre présence :	4	3	6	3	4	4	4	6	5	5	6	4	6	5	5
Nbre CP :	0	1	0	0	2	1	2	0	0	0	0	1	0	0	0
Nbre Divers :	1	1	0	1	0	1	0	0	0	0	0	1	0	0	0
Nbre RTT :	1	1	0	2	0	0	0	0	1	1	0	0	0	1	1

Dans ce tableau, hormis la saisie des types d'absence, CP, RTT ou Divers, tout est calculé automatiquement. L'affichage des formules grâce à mon raccourci préféré : CTRL + *guillemets*, permet de mieux comprendre les formules, particulièrement dans notre cas, l'utilisation de la fonction : NB.SI().

	A	B	C	D
1		=A1	=B1+1	=C1+1
2	40132	=A1	=B2+1	=C2+1
3	Carsten			
4	Lauris		RTT	
5	Christiane	Divers	Divers	
6	Bernard		CP	
7	Nathalie	RTT		
8	Frédérique			
11	Nbre CP :	=NB.SI(B3:B8;"CP")	=NB.SI(C3:C8;"CP")	=NB.SI(D3:D8;"CP")
12	Nbre Divers :	=NB.SI(B3:B8;"Divers")	=NB.SI(C3:C8;"Divers")	=NB.SI(D3:D8;"Divers")
13	Nbre RTT :	=NB.SI(B3:B8;"RTT")	=NB.SI(C3:C8;"RTT")	=NB.SI(D3:D8;"RTT")

Vous noterez que le contenu de la cellule A2 n'est autre que la valeur numérique de la date 15/11/2009, elle-même « habillée » dans la feuille sous la forme Novembre. De même, les cellules B1, C1, D1, B2, C2, D2, ne sont autres que la date précédente + 1, habillées elles aussi par un format de date. Vous trouverez ce principe expliqué dans la réponse à la question 9 (formats de dates personnalisés).

Dans ce planning il suffit donc de saisir une date dans la cellule A1 et tout le reste, numéro et nom du jour en trois lettres, s'affiche automatiquement.

41. Existe-t-il un moyen très rapide (sans utiliser le doigt sur l'écran) de compter les cellules vides de la plage M3 jusqu'à M1515 ?

Oui, en utilisant la fonction **NB.VIDE()**. En effet, si dans la cellule M1, vous saisissez la formule :

=NB.VIDE(M3:M1515), le résultat vous indiquera le nombre de cellules vides de la plage. Par la suite, lorsque vous continuerez votre saisie, le résultat variera automatiquement.

42. Est-il possible d'extraire automatiquement les mois correspondant à des dates, par exemple pour pouvoir trier les mois ?

Oui, en utilisant la fonction **MOIS()** qui renvoie un nombre de 1 à 12.

Date	Mois		Date	Mois
25/02/2009	=MOIS(F5)		25/02/2009	2
02/01/2008			02/01/2008	1
27/12/2007			27/12/2007	12
11/10/2006			11/10/2006	10
01/09/2007			01/09/2007	9
10/06/2008			10/06/2008	6
27/11/2007			27/11/2007	11
26/05/2008			26/05/2008	5
06/09/2006			06/09/2006	9
08/01/2008			08/01/2008	1
25/03/2008			25/03/2008	3

Tri, Filtre

43. On m'a dit que pour pouvoir facilement trier, filtrer et synthétiser des données, je devais les présenter d'une certaine façon. Quelles sont les règles ?

En effet, si les données sont bien présentées, toutes les manipulations ne demanderont aucune sélection particulière.

Il suffira de cliquer "quelque part" dans la Liste de données.

Les critères pour "bien présenter" les données sont :

-   une seule ligne d'en-tête avec un titre ;

-   aucune fusion de cellules ;

-   aucune ligne entièrement vide ;

-   aucune colonne entièrement vide ;

-   aucune donnée saisie directement à droite ou en dessous de la liste ;

-   pas de titre global collé au tableau.

Exemple :

Voici un exemple d'une liste de données bien présentées :

BASE DE DONNEES SUR
LES VENTES DE L'ANNEE

DATE VENTE	REGIONS	AGENTS	PRODUIT	PRIX	NBRE	CA
05/01/2011	NORD	Paul	FIAT	63 000 €	2	126 000 €
09/01/2011	SUD	Victoria	BMW	210 000 €	2	420 000 €
15/01/2011	EST	Laure	LANCIA	70 000 €	2	140 000 €
15/01/2011	EST	Laure	BMW	210 000 €	2	420 000 €
25/01/2011	NORD	Paul	LANCIA	70 000 €	1	70 000 €
25/01/2011	NORD	Paul	BMW	210 000 €	3	630 000 €
08/02/2011	EST	Alain	LANCIA	70 000 €	5	350 000 €
16/02/2011	NORD	Eric	CITROEN	112 000 €	3	336 000 €
23/02/2011	OUEST	Victor	BMW	210 000 €	2	420 000 €
23/02/2011	SUD	Victoria	BMW	210 000 €	1	210 000 €
16/03/2011	SUD	Marc	OPEL	89 000 €	3	267 000 €

Voici un exemple de données mal présentées :

BASE DE DONNEES SUR
LES VENTES DE L'ANNEE

	DATE VENTE ET REGIONS		AGENTS	PRODUIT	RESULTATS ANNUELS		
					PRIX	NBRE	CA
E	05/01/2011	NORD	Paul	FIAT	63 000 €	2	126 000 €
Q	09/01/2011	SUD	Victoria	BMW	210 000 €	2	420 000 €
U	15/01/2011	EST	Laure	LANCIA	70 000 €	2	140 000 €
I	15/01/2011	EST	Laure	BMW	210 000 €	2	420 000 €
P	25/01/2011	NORD	Paul	LANCIA	70 000 €	1	70 000 €
E	25/01/2011	NORD	Paul	BMW	210 000 €	3	630 000 €
	08/02/2011	EST	Alain	LANCIA	70 000 €	5	350 000 €
A	16/02/2011	NORD	Eric	CITROEN	112 000 €	3	336 000 €
	23/02/2011	OUEST	Victor	BMW	210 000 €	2	420 000 €
	23/02/2011	SUD	Victoria	BMW	210 000 €	1	210 000 €
	16/03/2011	SUD	Marc	OPEL	89 000 €	3	267 000 €

C'est peut-être plus joli mais totalement inexploitable pour les Filtres, les Tableau Croisé Dynamique, les tris..etc

44. Je connais l'icône qui sert à trier, mais je souhaite utiliser plusieurs critères. Comment faire ?

Dans les versions antérieures à Excel 2007, le menu qui permet de trier selon plusieurs critères est : Données / Trier. Il existe une icône destinée aux tris mais elle ne sait traiter qu'un seul critère, celui de la colonne sur laquelle on se trouve.

En passant par le menu, la boîte de dialogue permet de trier selon 3 critères maximum. Pour plus de critères, le tri devra s'effectuer successivement sur une sélection partielle des données.

A partir de la version 2007, le problème ne se pose plus car il est possible de demander autant de critères que souhaités. Exemple :

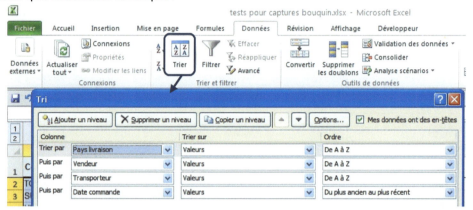

---

45. **Je saisis le nom des mois de l'année dans une colonne or le tri ne fonctionne pas, car février vient avant janvier dans l'ordre alphabétique. Ai-je un moyen de trier dans l'ordre réel des mois ?**

Pour faire cela, il faut utiliser un moyen détourné ; **saisir une date pour chaque mois**, par exemple le premier du mois, **puis formater les cellules avec un format de date personnalisé**.

Exemple :

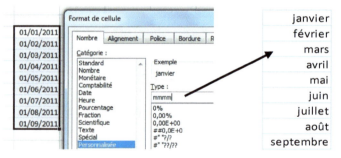

Ainsi, lorsque la plage est triée, le tri s'effectue sur des dates et non sur du texte ; février vient donc après janvier.

Manipulation des données

---

46. **J'ai récupéré des données dans Excel mais une colonne contient des prénoms et des noms de famille dans la même cellule. Cela m'empêche de faire un tri par nom. Existe-t-il un moyen de séparer automatiquement en deux le contenu de la cellule afin que prénom et nom soient dans des cellules distinctes ?**

Bonne nouvelle ! il existe en effet une technique qui évitera le célèbre Couper / Coller sur les 150 cellules à traiter ! (j'en connais qui l'ont fait…)

La fonctionnalité appropriée est : **Convertir**. On la trouve dans **Données / Convertir** (versions antérieures à 2007) et dans l'onglet **Données / Convertir** dans les versions supérieures.

Pour commencer, insérez quelques colonnes à droite de la colonne à traiter (au cas où une personne ait un nom à rallonge), puis :

- sélectionnez la colonne qui contient les prénoms et noms ;

- cliquez sur le menu ou l'onglet **Données** puis sur **Convertir** ;

- indiquez que les données sont délimitées par un caractère repérable (oui..si le prénom et le nom sont collés, le pauvre Excel aura du mal à comprendre où il faut couper ! ;

- à l'étape suivante de l'assistant, indiquez quel est ce caractère ; souvent l'espace, mais pourquoi pas le point-virgule si vous souhaitez décortiquer des adresses mail récupérées dans un en-tête de message (utile de nos jours, non ?!)..mais revenons à notre exemple ;

- validez les étapes de l'assistant jusqu'au bout (si besoin indiquez la nature des colonnes à l'avant dernière étape) ;

- admirez... vos données ont été séparées en deux colonnes distinctes par quelques clics ! Il ne vous reste plus qu'à gérer les quelques noms composés qui auraient pu s'inscrire dans une troisième ou quatrième colonne, pour les plus nobles d'entre eux ;

- partez alors prendre un café bien mérité car vous auriez mis à peu près 2 heures à le faire à la main..(rien ne vous empêche aussi de me vénérer..).

 Dans certain cas, il peut être préférable de choisir l'**option « Largeur fixe »**, **plutôt que « Délimité »** dans la première étape. Imaginons une colonne qui contient un code postal suivi d'un nom de ville. Le code postal a une longueur fixe. Il est donc plus simple d'indiquer à Excel la largeur du code que de se reposer sur les espaces.

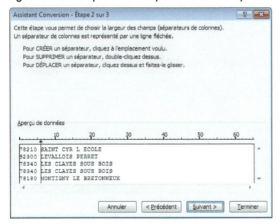

Dans ce cas, on obtient ceci :

Code postal	Ville
78210	SAINT CYR L ECOLE
92300	LEVALLOIS PERRET
78340	LES CLAYES SOUS BOIS
78340	LES CLAYES SOUS BOIS
78180	MONTIGNY LE BRETONNEUX

Dans le cas de données délimitées par des espaces, on obtient :

78210	SAINT	CYR	L	ECOLE
92300	LEVALLOIS	PERRET		
78340	LES	CLAYES	SOUS	BOIS
78340	LES	CLAYES	SOUS	BOIS
78180	MONTIGNY	LE	BRETONNEUX	

Bien sûr si les noms des sites sont séparés par des tirets, le problème ne se pose absolument pas...

47. Inversement je voudrais réunir le contenu de 2 cellules dans une seule. Comment faire ?

Beaucoup vous parleront de la **fonction CONCATENER**. Celle-ci sert effectivement à mettre bout à bout des valeurs. Mais il existe une solution plus simple. Il suffit d'utiliser l'**opérateur &** pour en quelque sorte « additionner » des cellules alphanumériques ou plutôt « mettre bout à bout » des contenus de cellules.

Voici un exemple :

	A	B	C	D	E	F
1	NOM	Prénom	Titre	Statut	Résultat	Formule
2	JOUCLA	Frédérique	Madame	consultante-formatrice	Madame Frédérique JOUCLA est consultante-formatrice	=C2&" "&B2&" "&A2&" est "&D2
3	BRAKA	Lauris	Monsieur	étudiant	Monsieur Lauris BRAKA est étudiant	=C3&" "&B3&" "&A3&" est "&D3
4	BAY	Christian	Monsieur	chef de projet	Monsieur Christian BAY est chef de projet	=C4&" "&B4&" "&A4&" est "&D4

Pour que des espaces séparent les différents éléments réunis dans la cellule résultat, utilisez un espace entouré de guillemets.

48. J'ai dans une cellule des numéros de sécurité sociale. M'est-il possible de récupérer automatiquement dans les cellules proches la première valeur qui indique le sexe de la personne et les 2 suivantes qui expriment son année de naissance ?

Il est en effet possible d'extraire tout ou partie d'une chaîne de caractères en utilisant les fonctions : **GAUCHE()**, **DROITE()**, **STXT()**.

Par exemple :

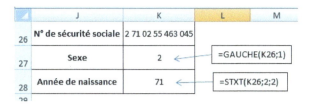

STXT() permet d'extraire une partie d'une chaîne de caractères en indiquant un point de départ et un nombre de caractères.

Il existe tout naturellement une fonction **DROITE()** qui permet d'extraire un certain nombre de caractères en partant de la droite d'une chaîne.

49. J'ai réussi à obtenir 1 ou 2 dans des cellules à partir de numéros de sécurité sociale, mais je préfèrerais voir automatiquement « F » ou « M ». Comment faire ?

Cette réponse est liée à la précédente. En effet, en réponse à la question n°48, nous avons appris à extraire un code correspondant au sexe dans un numéro de sécurité sociale. Mais le résultat : 1 ou 2, ne nous satisfait qu'à moitié. Nous trouverions plus élégant de faire apparaître un F ou un M.

Nous allons pour cela **« interpréter » le résultat de notre fonction GAUCHE()** grâce à la fonction **SI()**. Si vous ne connaissez pas la fonction SI(), utilisez littéralement l'exemple ci-dessous ou consultez la question 36.

Exemple :

	J	K	L	M	N
30	N° de sécurité sociale	2 71 02 55 463 045			
31	Sexe	F	← =SI(GAUCHE(K30;1)="2";"F";"M")		

La formule peut être « traduite en français » par la phrase suivante :

Si le premier caractère de GAUCHE de la cellule K30 est égal à 2, alors le caractère F doit apparaître dans la cellule K31, sinon, ce sera le caractère M (en effet, on part du principe que si ce n'est pas un 2, il s'agit forcément d'un 1 !..).

50. J'ai récupéré un tableau avec certaines données saisies en colonne mais je préfèrerais les avoir en ligne, sans copier/coller et sans ressaisie. Est-ce possible ?

Mais oui ! et lorsqu'on connaît la technique, on regrette d'avoir passé une demi-journée à ressaisir les données une par une !

Il suffit de :

1. **Sélectionner** les cellules à copier ;

2. Faire un **clic droit** sur la sélection puis choisir **Copier** ;

3. Cliquer sur la cellule à partir de laquelle vous souhaitez voir apparaître les données ;

4. Faire un clic droit et choisir **Collage spécial** ;

5. Dans la boîte qui apparaît, cochez **Transposé** puis cliquez sur OK.

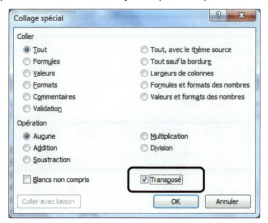

Il est même possible de faire cette manipulation sur une plage composée de plusieurs lignes et colonnes afin d'inverser le sens du tableau :

Visualisation des données

51. Puis-je cacher des colonnes ou des lignes pour me déplacer plus vite ou pour ne pas les voir à l'impression ?

En effet, il est possible de le faire et **il existe même 2 façons de cacher des lignes ou des colonnes**.

La première solution consiste simplement à utiliser la commande **Masquer** et, *a contrario*, la commande **Afficher** pour les faire apparaître de nouveau.

Ainsi pour cacher, dans cet exemple, les colonnes B, C et D, il suffit de **sélectionner les 3 colonnes** et d'effectuer un clic droit pour activer la commande **Masquer**.

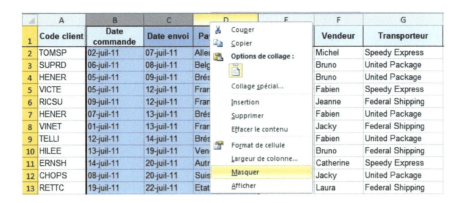

Cette opération est en général facile à comprendre et reproduire. A contrario, les utilisateurs ont souvent du mal à faire **réapparaitre les colonnes ou lignes masquées** car il est évident qu'on ne peut pas sélectionner des éléments masqués !

La solution est en fait simple : il suffit de sélectionner les **colonnes ou lignes qui entourent celles masquées**.

Dans l'exemple ci-dessous, il s'agit de **sélectionner A et E**, puis effectuer un clic droit, et choisir la commande **Afficher**.

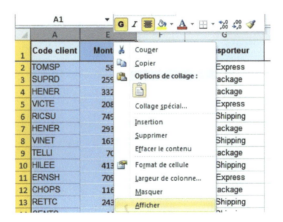

Une deuxième solution, plus subtile et élégante, consiste à créer un **Plan**. Les Plans se génèrent automatiquement lorsque l'on utilise la fonction Sous-Total (voir question 56), mais il est possible d'en créer soi-même.

Si l'on reprend l'exemple précédent, après avoir sélectionné les colonnes B, C et D, cliquez sur le menu **Données / Grouper et créer un Plan** (versions antérieures à 2007) ou **Onglet Données / Grouper** (versions supérieures). Voici l'effet obtenu :

Il suffit alors de cliquer sur le ⊞ ou le ⊟ pour Afficher les détails ou Masquer.

La même procédure peut bien sûr être utilisée pour les lignes.

A noter que pour **effacer un Plan**, il suffit de sélectionner de nouveau les colonnes ou lignes groupées, puis d'utiliser la commande **Effacer le Plan** présente dans chaque version d'Excel (**Onglet Données / Dissocier**, à partir d'Excel 2007)

52. Lorsque je me déplace tout en bas ou tout à droite d'un long tableau, je ne vois plus les en-têtes de mes colonnes ou la colonne la plus à gauche. Comment les conserver à l'écran ?

La commande qui correspond à ce que vous cherchez à faire s'appelle : **Figer les volets**. Elle est accessible par le **menu Affichage** dans les versions antérieures à 2007, et dans **Onglet Affichage** dans les suivantes.

Si beaucoup d'utilisateurs ne parviennent à le faire que très aléatoirement, voire pas du tout, c'est tout simplement dû à un problème de sélection !

Par exemple, pour figer la ligne 1 et la colonne A, il suffit de sélectionner **B2** avant d'appeler la commande. Et le tour est joué ! L'erreur classique consiste à essayer de sélectionner la ligne 1 entière, et, la colonne A…bref, se compliquer la vie.

La question se pose tout de même de savoir "dé-figer les volets". Et bien pour cela, aucune sélection n'est nécessaire, il suffit de cliquer sur le menu : **Affichage / Libérer les volets** (avant 2007) ou dans l'**onglet Affichage / Figer les volets / Libérer les volets** (version 2007 et supérieures).

Sécurité- Contrôle des données

53. Puis-je vérifier facilement que je n'ai pas écrasé des formules de calcul en saisissant de nouveaux éléments ?

Oui, en utilisant le raccourci clavier : **CTRL +** *guillemets*. Ce **raccourci miracle** affiche tout à coup les formules de calcul à l'écran ainsi que les vraies valeurs des cellules. Attention, toutes les dates apparaîtront par exemple comme des nombres décomptés depuis le 1er janvier 1900.

Pour retrouver l'aspect normal du tableau, **appuyez de nouveau sur Ctrl +** *guillemets*.

54. Puis-je protéger mon tableau pour que les personnes qui saisissent des données à l'intérieur n'écrasent pas mes formules ?

Il est en effet parfaitement possible, et recommandé, d'empêcher la modification de certaines parties du tableau.

Pensez au pauvre collègue qui doit saisir des données stratégiques dans un tableau qu'il n'a pas fait et qui redoute en permanence de faire des erreurs.

La condition pour aboutir à l'objectif est de bien comprendre la philosophie de la chose.

Il faut tout d'abord que vous adhériez au fait que dans un tableau bien fait, il y a finalement beaucoup plus de données à protéger (titres, formules de calcul, format des colonnes et des lignes, etc), qu'à ne pas protéger.

De ce fait, la philosophie retenue est de tout d'abord indiquer à Excel les cellules qu'**il ne faut pas** protéger (on appelle cela déverrouiller les cellules), puis à protéger l'ensemble de la feuille.

Par élimination, seules les cellules déverrouillées seront accessibles.

Dans cet exemple, les cellules à déverrouiller sont : B4 à B9, C4 à C9, E4 à E9.. Le reste est soit du libellé, soit des formules de calcul.

	A	B	C	D	E	F	G
1				SOCIETE HARIBO			
2							
3	PRODUITS	PRIX UNITAIRE	QUANTITE	SOUS TOTAL	TAUX REDUCTION	MONTANT REDUCTION	TOTAL
4	BOUNTY	3,30 €	250	825,00	5%	41,25	783,75
5	LION	3,00 €	500	1 500,00	12%	180,00	1 320,00
6	RAIDER	3,10 €	700	2 170,00	0%	-	2 170,00
7	ROCHER	4,05 €	150	607,50	15%	91,13	516,37
8	MARS	3,50 €	300	1 050,00	17%	178,50	871,50
9	NUTS	3,45 €	110	379,50	8%	30,36	349,14
10	TOTAL			6 532,00		521,24	6 010,76

La manipulation est la suivante :

- sélectionnez les cellules à **déverrouiller** (en utilisant au besoin **Ctrl** ou **Shift**) ;

- cliquez avec le bouton droit sur la plage sélectionnée, puis choisir **Format / Cellules** ;

- dans l'**onglet Protection**, décochez la case **Verrouillée** (ou verrouiller selon les versions).

Pour protéger ensuite la feuille :

- Sans sélection particulière, cliquez sur **Outils / Protection** (versions antérieures à 2007) ou **Onglet Revision / Protéger la feuille**, en évitant si possible de mettre un mot de passe ou en tous cas, en le notant soigneusement, sinon vous risquez de ne plus pouvoir rien dé-protéger.

- Vous remarquerez qu'il est possible de ne verrouiller que certains éléments et pas d'autres. On peut par exemple laisser ou non l'utilisateur élargir les colonnes et les lignes..

Autres fonctionnalités plus avancées

55. Je n'ai pas bien compris comment fonctionnent les Tableaux Croisés Dynamiques dont me parlent sans arrêt certains collègues. Arriverai-je un jour à en faire ?

Le **Tableau Croisé Dynamique** (TCD) est décidemment un mythe ! *"S'il vous plait, dites moi madame la Formatrice, arriverais-je un jour, lorsque je serai grande, à faire un TCD ??"* semblent dire les utilisateurs avec des yeux de "Chapotté".

Depuis 15 ans, les formations Excel ne proposent les TCD qu'en niveau 2 ou Excel Avancés. Et ceci alors que depuis quelques années, l'utilisation d'Excel comme base de données ne cesse de se développer (hélas !). Pour ma part, je pense sincèrement qu'on devrait étudier les TCD dans les premières minutes de la première journée de formation !

Le secret là aussi réside dans la propreté de la liste de données (voir question 43). Si la liste répond aux critères, un TCD sera fait en quelques clics.

Pour créer un TCD, on utilisera le menu **Données / Rapport de Tableau Croisé Dynamique** (version 2003) et à partir de la version 2007 : **onglet Insertion / Tableaux Croisés Dynamiques**.

Pour la suite, ce modeste ouvrage n'a pas la prétention, ni la vocation, de détailler la procédure. Tout au plus a-t-il pu vous donner envie d'aller la chercher dans des ouvrages dédiés à cela.

En tous cas je vous rassure : oui, vous arriverez un jour à faire un TCD ! Si toutefois vous avez une idée assez précise de ce que vous voulez faire avec.

Allez ! pour le plaisir, un petit exemple d'une synthèse d'une liste de données de 2000 lignes, obtenue en quelques clics. Imaginez-vous le faire à la main !

	A	B	C	D	E	F	G
1	Code client	Date commande	Date envoi	Pays livraison	Montant	Vendeur	Transporteur
2	TOMSP	02-juil-11	07-juil-11	Allemagne	58,63 €	Michel	Speedy Express
3	SUPRD	06-juil-11	08-juil-11	Belgique	259,07 €	Bruno	United Package
4	HENER	05-juil-11	09-juil-11	Brésil	332,44 €	Bruno	United Package
5	VICTE	05-juil-11	12-juil-11	France	208,77 €	Fabien	Speedy Express
6	RICSU	09-juil-11	12-juil-11	Suisse	749,07 €	Jeanne	Federal Shipping
7	HENER	07-juil-11	13-juil-11	Brésil	293,76 €	Fabien	United Package
8	VINET	01-juil-11	13-juil-11	France	163,52 €	Jacky	Federal Shipping
9	TELLI	12-juil-11	14-juil-11	Brésil	70,55 €	Fabien	United Package
10	HILEE	13-juil-11	19-juil-11	Venezuela	413,65 €	Bruno	Federal Shipping
11	ERNSH	14-juil-11	20-juil-11	Autriche	709,58 €	Catherine	Speedy Express
12	CHOPS	08-juil-11	20-juil-11	Suisse	116,05 €	Jacky	United Package
13	RETTC	19-juil-11	22-juil-11	Etats-Unis	243,86 €	Laura	Federal Shipping
14	CENTC	15-juil-11	22-juil-11	Mexique	16,41 €	Bruno	Federal Shipping
15	OTTIK	16-juil-11	26-juil-11	Allemagne	278,20 €	Bruno	Speedy Express
16	QUEDE	16-juil-11	27-juil-11	Brésil	15,40 €	Bruno	United Package
17	ERNSH	20-juil-11	28-juil-11	Autriche	737,60 €	Jeanne	Federal Shipping
18	TERTH	23-juil-11	28-juil-11	Finlande	129,94 €	Fabien	Federal Shipping
19	TERTH	29-juil-11	30-juil-11	Finlande	689,53 €	Catherine	Speedy Express
20	GROSR	27-juil-11	30-juil-11	Venezuela	334,76 €	Laura	Federal Shipping
21	FRENK	26-juil-11	03-août-11	Allemagne	1 053,33 €	Bruno	Speedy Express
22	RETTC	30-juil-11	03-août-11	Etats-Unis	495,05 €	Michel	United Package

1994
1995
1996
1997
1998
1999
2000

	A	B	C	D	E
4	Pays livraison	Bernard	Catherine	Jeanne	Michel
5	Allemagne	11 860,13	7 456,53	1 637,97	1 796,44
6	Autriche	2 971,17	4 168,27	4 603,13	1 991,97
7	Belgique	285,98	149,43	511,77	28,48
8	Espagne	465,11	306,99	81,61	
9	Finlande	1 283,66	881,98	400,47	147,31
10	France	3 317,90	3 236,55	1 064,84	816,38
11	Irlande	3 712,76	171,55	2 438,44	2 046,61
12	Italie	1 932,08	311,94	93,07	12,02
13	Pologne		140,04		407,28
14	Portugal		44,09	13,64	
15	Royaume-Uni	456,22	2 917,89	1 096,41	837,14
16	Suède	2 584,84	2 783,36	550,80	787,65
17	Suisse		556,91	904,86	469,30
18	Total général	28 869,84	23 125,52	13 396,99	9 340,58

56. J'ai vu, dans des très grands tableaux de données, des collègues faire apparaître des sous-totaux en quelques clics. Comment cela est-il possible ?

Il est possible en effet d'obtenir automatiquement, en 2 ou 3 clics, des sous-totaux dans une liste de centaines de lignes.

Mais attention : la liste doit être "conforme", c'est-à-dire bien présentée. Consultez donc avant la question 43, et sa réponse, avant de vous lancer.

Une obligation également est d'avoir trié les données selon le critère souhaité.

Par exemple si vous souhaitez faire un **sous-total par vendeur**, il faudra d'abord **trier** votre liste, **par vendeur**. D'expérience, c'est toujours un défaut de tri qui fait dire aux utilisateurs : « Ça fait des trucs bizarres ! ».

Une fois le bon tri effectué; utilisez la **fonction Sous-total** (ou Sous-totaux selon les versions) :

Dans les versions antérieures à 2007, menu **Données / Sous-total**, au-delà, **Onglet Données / Sous-Total**.

Dans la boîte de dialogue qui apparaît, indiquez le champ qui sert de critère, dans notre exemple, Vendeur, puis sur quelles données vous souhaitez obtenir un sous-total ; « numérique » s'il s'agit de somme ou de moyenne, « nombre » s'il s'agit de texte.

Voici un exemple :

Qui permet d'obtenir en 3 clics :

Les petits ➕ visibles dans cette figure permettent d'un simple clic de détailler ou condenser les totaux.

Si vous souhaitez relancer un sous-total supplémentaire, décochez surtout la case : "Remplacer les sous-totaux existants". Sans quoi vous auriez le sentiment d'avoir à choisir entre les 2 sous-totaux.

Alors pour ceux qui ont déjà passé des heures à insérer des lignes blanches, faire leurs totaux, et une fois terminé s'entendre dire : "Ah mais je voulais plutôt les totaux par ville…"., n'est-ce pas merveilleux ??

57. Une fois que seuls les sous-totaux apparaissent dans la feuille, ma collègue me demande comment ne copier que ces résultats, sans le détail. Est-ce possible ?

Avant d'étudier cette question, il est nécessaire d'avoir pris connaissance de la précédente.

Il est en effet parfois intéressant de pratiquer cette manipulation si l'on ne souhaite pas que d'autres voient le détail des données. En effet, lorsqu'on effectue un simple copier / coller, c'est l'intégralité des données qui est copiée, même si l'on ne voit à l'écran que les sous-totaux. A noter que ce problème ne se pose pas avec les données filtrées.

Le problème finalement est de parvenir à **ne coller que ce que l'on voit**, au fond, "les cellules visibles uniquement", et bonne nouvelle, cette fonctionnalité existe !

Vous procéderez donc ainsi :

- sélectionnez grâce à la touche **Ctrl**, uniquement les lignes de sous-totaux ;

- appuyez sur la touche du clavier **F5** (avantage : elle fonctionne dans toutes les versions) ;

- cliquez sur le bouton **Cellules** ;

- sélectionnez "**Cellules visibles uniquement**" ;

- effectuez un **Copier / Coller** tout simple vers la destination de votre choix.

58. Je dispose de plusieurs feuilles distinctes dans mon classeur, de structure identique, et je voudrais modifier quelque chose sur toutes les feuilles en même temps. Est-ce possible ?

Oui, absolument. Mais comme vous le dites vous-même, les feuilles doivent être de **structure identique** (en tous cas au niveau des données à modifier en une fois) ! sinon vous risquez de faire de grosses bêtises.

Exemple, si vos en-têtes de tableau se trouvent dans la feuille qui est devant vous en lignes 1 à 4, et de 3 à 6 dans une autre, le formatage de la première donnera un résultat bizarre dans la deuxième feuille sélectionnée !

De même, il sera in-dis-pen-sable de penser à désactiver les feuilles avant de procéder à des modifications qui n'en concernent qu'une.

La manipulation est la suivante :

- Sélectionnez les feuilles à modifier grâce à **Ctrl** ou **Shift** selon qu'elles se suivent ou non.

- A partir de ce moment-là, **toute modification** effectuée sur celle qui est devant vous, la feuille active, se répercutera sur **toutes** les feuilles sélectionnées.

Une fois les modifications effectuées et **pour désélectionner les feuilles, cliquez simplement** sur un autre onglet que celui de la feuille sur laquelle vous vous trouvez.

59. J'ai parfois besoin d'insérer dans Word ou PowerPoint un tableau venu d'Excel. Comment puis-je faire ?

Il existe plusieurs méthodes selon ce que l'on veut pouvoir faire ensuite sur le tableau inséré dans Word.

Je conseille dans tous les cas, de **désactiver le quadrillage de l'écran** dans Excel afin de ne pas risquer de le voir dans la version insérée dans Excel.

Je rappelle que ce quadrillage est "virtuel", il s'agit de celui qui aide à se repérer dans la feuille, c'est-à-dire à matérialiser les cellules, mais qui est invisible à l'aperçu et à l'impression.

Pour ôter le quadrillage,

- En versions antérieures à 2007, menu **Outils / Options** et décochez **Quadrillage.**

- En versions supérieures : **Onglet Affichage**, puis décochez directement **Quadrillage**.

Effectuez ensuite un simple **Copier** de la page souhaitée et basculez vers le document Word.

A l'endroit de votre choix, utilisez le clic droit puis la commande **Coller / Collage Spécial**. Choisissez l'une des options :

- **Objet Microsoft Excel**, si vous souhaitez pouvoir cliquer 2 fois sur le tableau inséré pour retrouver ponctuellement l'environnement Excel.

- **Image** : si vous souhaitez n'insérer qu'une image de votre plage Excel sans vouloir la modifier ultérieurement.

A noter qu'il faudra parfois redimensionner l'objet obtenu s'il dépasse de la largeur de la page. En fonction de l'option choisie ci-dessus, la méthode variera légèrement.

Notez que dans le premier cas, vous pouvez opter pour une mise à jour du tableau en fonction des modifications effectuées dans le tableau Excel d'origine en choisissant l'option : **Copier comme lien** dans Collage Spécial.

60. Je voudrais créer un planning sur Excel, avec les dates des lundis au vendredis, puis pouvoir modifier à tout moment la date de départ et que les autres dates soient modifiées. Cela est-il possible ?

Pour obtenir des dates "automatiques" comme celles-ci :

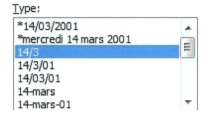

Table avec l'annotation "Seule cette cellule est à modifier pour obtenir les 3 semaines" :

Dates	30/1	31/1	1/2	2/2	3/2	6/2	7/2	8/2	9/2	10/2	13/2	14/2	15/2	16/2	17/2
	lun	mar	mer	jeu	ven	lun	mar	mer	jeu	ven	lun	mar	mer	jeu	ven
CP															
RTT															

Il suffit d'utiliser des formules de calcul et des formats de nombre, adaptés. **Par exemple** :

Dates	30/1	=B5+1	=C5+1	=D5+1	=E5+1	=F5+3	=G5+1	=H5+1	=I5+1	=J5+1	=K5+3	=L5+1	=M5+1	=N5+1	=O5+1
	=B5	=C5	=D5	=E5	=F5	=G5	=H5	=I5	=J5	=K5	=L5	=M5	=N5	=O5	=P5
CP															
RTT															

Et pour obtenir le format souhaité, appliqué aux cellules du haut, choisissez dans **Format / Cellules, catégorie Date** (obtenu avec Clic droit sur la plage), le format ci-dessous :

Type:

```
*14/03/2001
*mercredi 14 mars 2001
14/3
14/3/01
14/03/01
14-mars
14-mars-01
```

Et aux cellules du bas, dans la catégorie Personnalisée, le **type jjj** que vous saisirez vous-même et qui sera conservé pour toujours dans ce classeur :

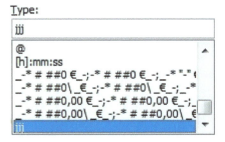

Type:

```
jjj

@
[h]:mm:ss
_-* # ##0 €_-;-* # ##0 €_-;_-* "-"
_-* # ##0\ _€_-;-* # ##0\ _€_-;_-*
_-* # ##0,00 €_-;-* # ##0,00 €_-;_
_-* # ##0,00\ _€_-;-* # ##0,00\ _€
jjj
```

Attention, dans mon exemple, veillez simplement à ce que **la date de départ soit bien un lundi.**

Voici donc les questions que je souhaitais traiter dans cet ouvrage. J'espère que les réponses vous seront utiles.

Mais je suis preneuse d'autres idées ! Alors n'hésitez pas à me suggérer d'autres questions à traiter qui pourraient faire l'objet d'un « Tome 2 ».

fjoucla@apprendre-et-transmettre.fr

Et maintenant : LE TEST

Comment cerner les connaissances de votre chef ?

Si votre Chef semble toujours trouver bizarre que vous ayez des difficultés avec Excel, voici quelques petites questions à lui poser pour en avoir le cœur net : (les réponses se trouvent au fil du livre mais, au cas où, elles sont reprises plus bas).

1. Euh, s'il vous plait, je pense qu'il y a une petite erreur de calcul dans ce tableau (de 500 lignes et 40 colonnes) mais je n'arrive pas à la voir…vous pouvez m'aider ?

2. Je saisis une date dans une cellule et à chaque fois, un nombre bizarre apparaît !! vous pouvez m'aider..je sens que je vais devenir fo(u)lle.

3. Je sais qu'il est possible de compter des cellules en fonction des valeurs qui sont dedans ? mais impossible de m'en rappeler…vous pouvez m'aider ? *(sous-entendu, « vous qui connaissez très bien Excel »..mais il n'est pas nécessaire de le rappeler à chaque question, il pourrait se douter de quelque chose.)*

4. Savez-vous utiliser la fonction RECHERCHEV ? les tableaux que vous me demandez d'utiliser en sont pleins ??

Comment éplucher les résultats

Si à la première question, il vous dit « *qu'il a du travail* », voire autre chose à faire, le test est terminé et son résultat est immédiat. Il n'est pas très coopératif et il ne connaît sûrement pas bien Excel.

S'il vous dit tout de suite qu'il a « *appris tout seul* », là aussi, le résultat est immédiat, il ne connaît pas très bien Excel, mais c'est un Chef avec lequel il y a peut-être quelque chose à faire. Vous pouvez essayer de lui conseiller cet ouvrage, car il a peut-être un Chef lui aussi.

Réponses au test

1. Le Chef ne connaît visiblement pas le fameux raccourci clavier : **Ctrl+*guillemets*** (mon préféré) qui permet d'afficher à l'écran les formules à la place des résultats (c'est le même raccourci qui permet de revenir à l'affichage normal). Sans cela, trouver une erreur dans tout un tableau s'apparente à trouver une aiguille dans une botte de foin !

2. Le Chef n'a apparemment pas appris que le contenu d'une cellule est indépendant de son format. Apparemment la cellule contient un format de nombre et comme **une date dans Excel est en fait un nombre de jour décompté** depuis le 1er janvier 1900, le nombre bizarre est la position de la date saisie par rapport au 1er janvier 1900. C'est d'ailleurs grâce à cela qu'il est possible de soustraire deux dates !

3. Les fonctions **NBVAL** ou **NB.SI**, permettent de compter des cellules contenant une certaine valeur. Mais pour cela on excusera le Chef car hélas peu de personnes connaissent ce subterfuge pourtant si préférable à « compter à la main » (qui a de plus l'inconvénient de salir l'écran).

4. La fonction **RECHERCHEV** est très utilisée par des « pro » d'Excel qui ont souvent légué d'immenses tableaux dits parfois « usines à gaz » après leur départ de l'entreprise. Cette fonction est extrêmement pratique mais fait partie des plus difficiles à comprendre par les stagiaires en formation. Elle doit donc être testée maintes fois sur de multiples cas de figure. Le Chef a donc une excuse, mais il doit simplement comprendre que pour vous, ce n'est ni facile, ni intuitif et qu'une telle fonction mal utilisée peut être source d'innombrables erreurs.

Dédicace

Ce livre est dédié à mon père.

Mélange de Géo Trouvetou mâtiné de Professeur Nimbus doublé de Capitaine Nemo (il était officier de marine), mon père est un créatif à l'imagination débordante. Ingénieur de formation, il savait programmer un ordinateur bien avant que je découvre l'informatique.

En ce qui concerne Excel, il l'a appris tout seul à partir d'un manuel et l'utilise notamment pour suivre ses comptes de copropriété.

Alors aujourd'hui je profite de cette dédicace pour lui demander quelque chose qui m'intrigue : « Papa, pourrais-tu m'expliquer pourquoi, lorsque je te vois faire un tableau Excel, tu as l'air de ne pas tant aimer que cela que je te donne LE conseil qui va te faciliter la vie ?

Ah, monde cruel où ce sont les enfants qui apprennent à leurs parents !

Alors à toi qui préfères utiliser les manuels qu'écouter ta chère fille, je t'offre ce livre qui répondra, j'en suis sûre à « tout ce que tu voudrais savoir sur Excel sans jamais oser me le demander ».